HISTORY WAR

玫瑰战争
英格兰王权游戏的终极对决

［英］菲利普·格拉夫顿 编著
张顺生 张媛媛 译

中国画报出版社·北京

图书在版编目（CIP）数据

玫瑰战争：英格兰王权游戏的终极对决 /（英）菲利普·格拉夫顿编著；张顺生，张媛媛译. -- 北京：中国画报出版社，2020.11
（萤火虫书系）
书名原文：History of War：Wars of the Roses Second Edition
ISBN 978-7-5146-1945-4

Ⅰ. ①玫… Ⅱ. ①菲… ②张… ③张… Ⅲ. ①玫瑰战争 - 史料 Ⅳ. ①K561.32

中国版本图书馆CIP数据核字(2020)第197425号

Articles in this issue are translated or reproduced from History of War:Wars of the Roses, Second Edition and are the copyright of or licensed to Future Publishing Limited, a Future plc group company, UK 2019. Used under licence. All rights reserved. History of War is the trademark of or licensed to Future Publishing Limited. Used under licence.

北京市版权局著作权合同登记号：图字01-2020-6601

玫瑰战争

[英] 菲利普·格拉夫顿　编著　张顺生　张媛媛　译

出　版　人：于九涛
选题策划：赵清清
责任编辑：郭翠青
责任印制：焦　洋
营销主管：穆　爽

出版发行：中国画报出版社
地　　址：中国北京市海淀区车公庄西路33号　邮编：100048
发　行　部：010-68469781　010-68414683（传真）
总编室兼传真：010-88417359　版权部：010-88417359

开　　本：16开（787mm×1092mm）
印　　张：12.75
字　　数：296千字
版　　次：2020年12月第1版　2020年12月第1次印刷
印　　刷：北京汇瑞嘉合文化发展有限公司
书　　号：ISBN 978-7-5146-1945-4
定　　价：68.00元

玫瑰战争
导致英国分裂的王朝之争

备受诋毁的国王理查三世——圣人还是罪人？
阴谋与权力·约克家族和兰开斯特家族·关押在伦敦塔内的王子

1453年，英法百年战争惨败后，英格兰军队返航回国时，几乎没有人想到会再次发生冲突。然而，十年还没过去，英格兰便再次陷入了一场血腥的内战之中，而这场战争重塑了英格兰的统治精英。

受到精神疾病的困扰，国王亨利六世（Henry VI）隐退养病，由他的几个最信任的盟友摄政。一段时间之后，亨利六世身体康复，但这些顾命大臣都已经尝到了权力的滋味，而且想得到更多的权力。1455年5月，觊觎王位的约克公爵理查（Richard）向圣奥尔本斯（St Albans）进军。第一次公开冲突在此展开，红白玫瑰战争爆发。

接下来，你可以了解到影响冲突进程的关键之战，认识那些不惜一切代价追求权力的人，也会清楚地看到约克家族和兰开斯特家族之间的世仇是如何催生出了一个新王朝……

目录

6　一场风暴即将到来

兰开斯特家族统治时期

24　1455—1460年的关键人物
26　战争与杀戮
28　疯子国王亨利
38　女强人安茹的玛格丽特
44　韦克菲尔德战役
48　造王者沃里克

约克家族统治时期

60　1461—1484年的关键人物
62　战争与杀戮
64　陶顿战役的胜利
78　白王后的黑魔法
90　约克家族统治时期的宫廷
96　撤退与复仇
104　叛徒之死
114　王冠争夺战
122　击溃敌人
132　伦敦塔里的谋杀
145　英格兰迷茫的国王——理查三世
160　都铎王朝的黎明

都铎王朝的统治时期

172　1485—1487年的关键人物
174　战争与杀戮
176　清洗金雀花王朝
192　文字战争

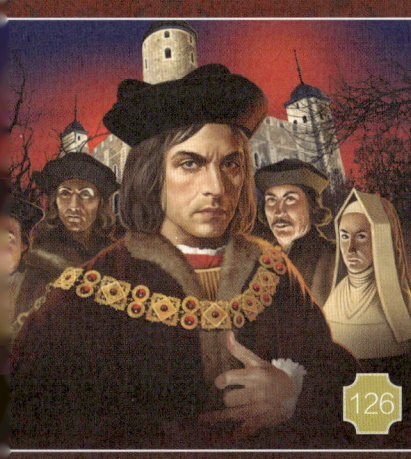

一场风暴即将到来

玫瑰战争的起因

我们如何解释英格兰历史上这一最著名的战争？

作者：乔恩·莱特（Jon Wright）

据一位15世纪的编年史家记载，15世纪50年代中期，英格兰正处于灾难的边缘。"猛烈的狂风暴雨迫在眉睫"，而"您可能已经清楚地意识到：王公贵族之间的争斗正在暗潮涌动"。然而，这种"争斗"并不限于社会上层之间。"王朝分裂所带来的不幸灾难阻碍了"各"牧师会、团体和修道院的正常活动"，以致"兄弟之间互不信任，朋友之间相互猜忌"。

对于那随后的几年，这位编年史家继续哀叹："那是一场人类之间的大屠杀：被残酷杀害的人，除了公爵、伯爵、男爵和杰出的战士之外，平民百姓死于非命的不计其数……这就是英格兰当时的状态。"

虽然该编年史家的言论未免存在夸张的成分，但是15世纪下半叶英格兰发生的一系列冲突确实改变了这个国家的未来。当然，历史学家长期以来一直在争论这些重大事件是如何发生的，直至现在也仍然在争论，这并不奇怪。共识总是很难达成的。

一些学者注重针对历史长期的解读，常常将沉重的历史责任归咎于爱德华三世（Edward III）。发动与法国的百年战争

▲ 英格兰国王理查二世

（the Hundred Years' War）让英格兰付出了沉重的经济代价，因此，从理论上讲，财政困难的君主不得不向贵族做出过多的让步。最糟糕的是，据说爱德华曾表示允许扩大历史学家所谓的"变态封建主义"（"Bastard Feudalism"，也有学者将其译作"亚封建主义"）。与较古老的统治模式不同的是，社会的领主附庸关系不是以授予土地保有权为核心的，而是以一种通过经济手段而形成的契约制度结成的主从依附、效忠关系。这种模式对于招募军队非常有效，但却存在着固有的风险。贵族可以武装自己的家丁，如果发生民间纠纷，这些人也可能造成严重破坏，而效忠也可以买卖，因为效忠是个人行为而非世袭行为，因此，公共秩序不断受到威胁。

有人称，这种统治模式的最终结果是，君主制不断受到削弱，因为君主制会在"过分强势"的臣民的阴谋诡计下变得越来越不堪一击。因此，会出现约克公爵理查或造王者沃里克（Warwick the Kingmaker）这些有影响力的人物，也不足为奇，因为他们能够决定国家的命运。

但这种看法却遭到反驳。我们应该承认，英格兰并非是想象中的样子：国家日益受到有权动用武装暴徒的堕落贵族的威胁；在战争与和平年代的大部分时间里，"变态封建主义"（如果我们还接受这种说法的话）都运转得很好，而且完全有可能实现国泰民安。贵族们通常与君主一样渴望分享某种程度的政治平衡。英国历史学家麦克法兰（KB McFarlane, 1941— ）有句名言："只有无能君主才会惧怕'强势大臣'。"

事实上，王权并没有受到致命的伤害，而且在15世纪的大部分时间里，诸如议会和普通法之类的许多制度仍然运转良好。然而，正如麦克法兰所言，一直以来，一切都取决于执政君主的性格和能力。那些导致玫瑰战争爆发的事件当然也会证明这一点。

至此，1399年成为焦点。爱德华三世可能并未破坏英格兰君主制的结构完整性，但爱德华三世的子女确实非常多，他们的后代导致了令人眼花缭乱的王朝争夺战。1399年，爱德华三世的孙子、冈特的约翰之子亨利·博林布鲁克（Henry Bolingbroke）篡夺了爱德华三世之孙、黑王子爱德华之子理查二世（Richard II）的王位，称为亨利四世（Henry IV）。对于中世纪晚期和近现代早期的人们而言，这种戏剧性的行为直接导致了玫瑰战争的爆发。上帝对这种粗暴的推翻合法继承权的行为，即"违反上帝之律法，丧失臣子对王室的忠诚，背弃自己曾立下的忠贞誓言"，施以神圣的惩罚。

▲ 百年战争期间查理七世前面的圣女贞德（Joan of Arc）

我们可能无法赞成这种观点，但是亨利上台的本质确实引发了严重后果，因为他对王位的竞争不符合传统。理查的父亲是爱德华三世的长子，而亨利的父亲是爱德华的第四个儿子。此外，爱德华的第三个儿子——克拉伦斯的莱昂内尔（Lionel of Clarence）的后代也有三分理直气壮。亨利还宣称自己从母亲一脉继承了亨利三世的血统，试图借此巩固自己的合法竞争，但这并不能令人信服，很显然他是否拥有权力完全取决于是否得到普遍的认可。其实，看到理查二世下台，大部分英格兰人都非常高兴；不过，尽管这对亨利非常有利，但也表明：如果君主不受欢迎，那么他的王权也不能保证其统治地位。也许任何一位国王都应被视为"同侪之首"（First Among Equals），由越来越坚定自信的贵族和直言不讳的平民来裁决。这也再一次证明，统治者的才能和声誉至关重要。

至于亨利四世，他成功地巩固住了自己的统治地位并将兰开斯特王朝合法化，我们至少可以为这一事实点赞。从很多方面来看，亨利四世早期的统治时期内外交困，举步维艰。据说，理查二世是名暴君，他贪得无厌、专制武断（这不是没有根据的），因此，亨利成功夺权几乎完全是因为他会是一名更可靠的统治者。亨利一上台，

Nstueran du
roy comment
pour vin xvii
de dy francois
issirent de le
logis et furent trois battailles
de leure gens. En la prem
ie furent une huit cens ba
chinets quatre mille archiers
et nuue cens arbalestriers

Et de ceste auant gard fu
rent chiefs le connestable
les ducs dorleans et de bour
bon les contes du et de ri
chemont et plusieurs aul
tres Soubz capitaine le conte
de vendosme et autres offi
ciers du roy furent ordonne
a faire une esle atout quinze
cens hommes darmes pour

一直以来，一切都取决于在位君主的性格和能力。

◀ 阿金库尔战役——百年战争中英格兰获胜的一场战役
▼ 一幅描绘亨利六世国王与耶稣会面的图画

便连忙承诺限制苛捐杂税，但同苏格兰的战争等政治环境却成为减轻税收负担路上的绊脚石。这一点从亨利四世在1399年至1404年换了不少于六位皇家司库（royal treasurer）中可以明显看得出。

由于潜在的竞争者都对英格兰王位虎视眈眈，加之理查二世的大量前盟友心怀不满，英格兰越来越有一种强烈的幻灭感，这也就不足为奇了。早在1401年，林肯主教就评论说，"欢乐变成了痛苦，而邪恶却到处蔓延"。很快，抱怨声便为更紧迫的威胁所取代：欧文·格兰道尔（Owain Glyndwr）在威尔士举兵造反，亨利·霍茨波（Henry Hotspur）的阴谋和斯克罗普大主教（Archbishop Scrope）的叛乱，等等。不难看出，兰开斯特王朝的君主制具有潜在的脆弱性。

到了亨利五世，情况很明显已得到显著的改善。亨利五世是位更有活力的国王，执政初期便镇压了骚乱且恢复了王室的财政，并因击败罗拉德（Lollard）异端而赢得赞誉。更有利的是，他在法国的军事战役接连取得了巨大的胜利，如阿金库尔战役（Agincourt）和1417年至1419年的诺曼底（Normandy）征服。因此，到1420年，亨利五世顺利地成为法国国王查理六世的继承人。

然而，进一步观察后，我们便会发现，亨利五世的遗产却明显给其继任者亨利六世（Henry VI）带来了很多不幸。即使是同时代的人，都想知道亨利五世在法国的冒险经历是否更多取决于个人野心，而非其杰出的治国才能。这种野心是否有可能征服敌人，或者他是否引发了

在接下来的几年，一系列状况将英格兰推向爆发内战的边缘。

一场毫无胜算的战争，并且给继任者带来了无法承受的经济负担？

尽管亨利六世将面临这一问题，但很明显，在他继承王位的那一刻，他还无法胜任这项任务。

对兰开斯特王朝来说，选择一个9个月大的婴儿作为国王是十分冒险的，但好在当时并未出现什么严峻的挑战，也无其他选择。亨利实现了英格兰历史上最长的"少数决定原则"（minority rule），成功地巩固了自己的政权，这一事实表明：君主制并不像某些人所想的那样脆弱。然而，不幸的是，历史证明，亨利六世仍然是一个充满缺点、十分倒霉的君主。许多历史学家指出，亨利六世的缺点正是导致玫瑰战争最有说服力的直接原因。

在亨利六世的"少数决定原则"之下，

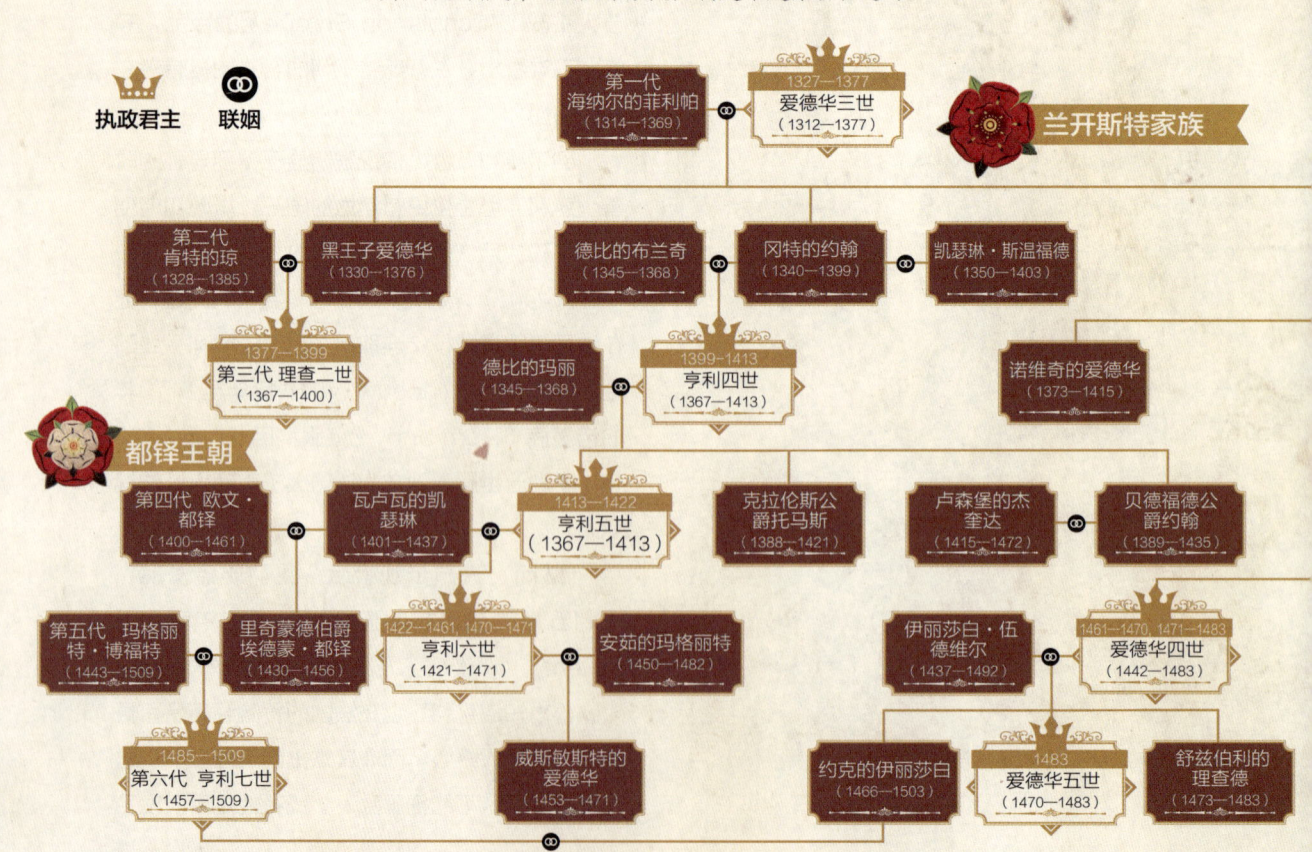

王室内部的怨恨和敌对情绪为将来的事件埋下了伏笔,这对国家的有效治理非常不利。护国公格洛斯特公爵汉弗莱(Humphrey, Duke of Gloucester)、贝德福德公爵(Duke of Bedford,和格洛斯特公爵一样,也是亨利五世的兄弟)和温彻斯特主教亨利·博福特(Henry Beaufort)之间经常发生争执,尽管这些争执还没有发展到不可挽回的地步。同时,15世纪20年代,与法国的战争还在持续发酵,但由于圣女贞德的出现,法国的君主政体越来越咄咄逼人。后来查理七世(Charles VII)加冕为法国国王,到1435年,法国与英格兰的前盟友勃艮第王国签约。这次签约终将成为一场漫长而曲折的战争中的一个重大转折点。

▲ 四便士银币上的亨利六世在位时的头像

正是在这一时期,亨利六世开始在英格兰政治中发挥重要作用。1435年下半年,亨利六世首次参加了议事会议,其角色不仅仅是仪式性的。亨利六世的个人权力时代既有顶峰时期,也有低谷时期。他显然没有他父亲那样的军事天赋,也从未率兵远征法国——一个他在1432年后便再没去过的国家。在国内,

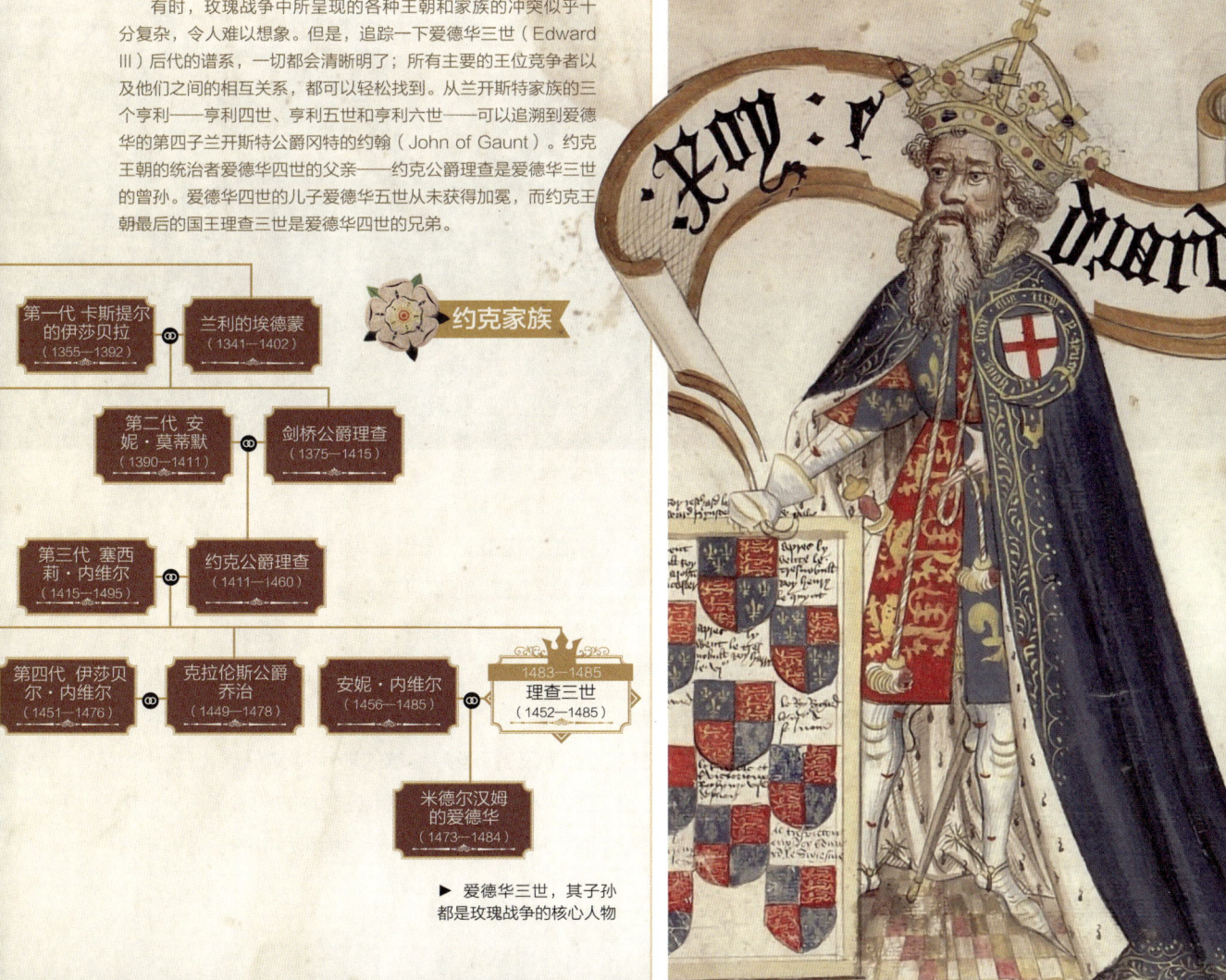

▶ 爱德华三世,其子孙都是玫瑰战争的核心人物

▲ 威斯敏斯特墙上，亨利·亚瑟·佩恩（Henry Arthur Payne）所画的摘玫瑰的情景

亨利六世似乎一直在不作为和亲政之间游移不定；尽管不该把亨利六世当作傀儡，但他却任由其顾问之间滋生不健康的派系之争。这些党羽有很多都是成天围绕在国王身边谋取私利的人。虽然这种情况可能被夸大，但提拔那些出于个人忠诚而非一心一意为兰开斯特王朝服务的人，是有内在风险的。

尽管如此，维持一个和平政权的共识依然存在，因此，15世纪40年代，贵族内部的地方纷争成功地得到了平息。相反，有时也会出现一些荒唐的误导性的举措。例如，1438年将康沃尔郡（Cornwall）的管辖权授予邦维尔勋爵（Lord Bonville）；四年之后，又将相同的职位授予邦维尔的对手德文伯爵（Earl of Devon）。这么做很难遏制地方的紧张局势。然而，从前线的角度来看，亨利六世的统治确实很

盛放的玫瑰

我们为何称之为"玫瑰战争"?

我们习惯将15世纪自相残杀的冲突称为"玫瑰战争",但"玫瑰战争"一词是在近代才开始流行的,当时的人们并未用这样的称呼。追溯"玫瑰战争"一词的起源时,人们往往会提及沃尔特·司各特(Walter Scott)。司各特在《盖厄斯坦的安妮》(Anne of Geierstein)一书中曾写道:"在红白玫瑰战争中,内乱是如此可怕。"

实际上,类似的造词早在17世纪的一篇短文中就已出现。这篇短文提到了"玫瑰战争之争"(quarrel of the warring roses)。更重要的是,至少该词对15世纪末的人是有意义的。约克家族在当时整个时期都用白玫瑰作为象征;尽管都铎时代之前,兰开斯特家族将红玫瑰作为象征一事很难确定,但在亨利七世统治期间已经确立了下来。有力的证据是,亨利取得博斯沃思(Bosworth)战役胜利不久后,一位编年史家记载道:"野猪的獠牙(指理查三世)已不再锋利,白玫瑰(亨利·都铎)的复仇者(爱德华四世之子遭到谋杀)——红玫瑰照耀着我们。"

都铎王朝以结束战争和恢复国家和平而享有声誉,这一成就的象征是亨利七世与约克的伊丽莎白(Elizabeth)联姻以及著名的都铎王朝徽章中的红白玫瑰交织在一起。到了莎士比亚时期,玫瑰战争的概念已经十分牢固。在《亨利四世:第一部》(Henry IV Part I)中,我们可以看,到对立的萨默塞特公爵和约克公爵的支持者采集了白玫瑰和红玫瑰来表示各自的忠诚。因此,"玫瑰战争"一词应被视为一个历史概念,但这一表述往往掩盖了一个事实:冲突分为三个独立且截然不同的阶段。即便如此,"玫瑰战争"也胜过许多其他说法,比如极具误导性的"堂兄弟战争"。

糟糕,与法国开战代价十分昂贵。更有甚者,亨利六世喜欢别人阿谀奉承,也需要确保各郡效忠自己,因此,会滥发礼物和奖赏。故此,国家财政困难持续恶化。从1444年至1449年,王室的支出从每年的8000英镑飙升至27000英镑。

即便在亨利掌权之前,王室的财务状况就已经不佳。1433年,王室债务已达到16万英镑,却仅靠年收入6万英镑来维持平衡。议会的支持也下降了,而且在1437年至1453年期间,议会仅批准了24万英镑的税款;这时,国王的许多私人信贷资源都已用尽。诸如农商业产出水平低下、与法国的冲突导致中断了布匹贸易等更广泛的经济困境,使得财政境况更为严峻。到1449年,亨利的债务额达到惊人的37.2万英镑。到15世纪50年代初,王室收入缩至每年仅4万英镑,只有14世纪90年代理查二世时期所获得收入的三分之一。所有这些加在一起,活生生地破坏了君主制的稳定。

当然,直到1450年,一切都还远未结束,在接下来的几年内,一系列状况将英格兰推向内战的边缘。正如我们所见,与法国的长期冲突给英格兰的财政造成了巨大损失,但百年战争的结束也带来了同样毁灭性的影响。15世纪40年代中期,亨利六世找到了一种和平解决方案(其中包括他与法国安茹的玛格丽特的联姻),但1449年战争又重新爆发。

次年,诺曼底失陷。1453年,加斯科尼(Gascony)的失陷给了英格兰最后一击。两地的失陷严重影响了英格兰的士气,其严重性远远超过了垂头丧气的军队回国寻衅滋事造成的影响。但是,很明显,1453年之前,法国就岌岌可危。诺曼底的失陷、英格兰的经济困境及对国王身边顾问越来越多的批评声,最终导致了民众的普遍不满。

最能说明这一点的是,杰克·凯德(Jack Cade)与其战友在东南部起兵造反并于1450年开进伦敦。只要看看他们的烦恼,就知道问题出在什么地方了。造反者不想背负叛国的罪名,他们小心翼翼地将心中的怒火指向国王身边无恶不作的顾问:这些人"贪婪成性、恶毒无比,一刻不停地阿谀奉承国王陛下,成天搬弄是非、颠倒黑白"。国王早该意识到,"虚伪的议会无法无天……百姓遭到摧残,海洋丧失了,法国失陷了，国王本人则做好准备，或许无法支付自己的饮食费用，而且他欠的债超过任何英格兰国王的上限。"

叛乱最终逐渐平息，但其诱因却更深了。许多人认为亨利身边的顾问萨福克（Suffolk）公爵威廉·德拉·波尔（William de la Pole）最危险，国会弹劾了他，将其放逐。波尔于放逐途中被谋杀。同年，即1450年，约克公爵理查未经许可擅自从爱尔兰返回，迅速成为焦点，人们猛烈地批判当时的政府。确实，凯德及其追随者曾明确提及约克公爵理查。亨利并不信任约克公爵理查，于是在接下来的三年中，形成了一种令人不安的关系，而这种关系几乎造成直接的冲突。事情总会自行解决，但很明显，约克公爵在宫廷中的影响力，尤其是约克公爵与萨默塞特公爵埃德蒙·博福特之间日益激烈的竞争，有可能扰乱全国政局。

也许只要再有一个导火索——一个短期原因，就能加剧英格兰业已形成的紧张局势和内部敌意，将英格兰推入公开的内乱与分裂中。1453年，亨利六世因精神病而完全崩溃，导火索终于出现。

▲ 1399年10月13日，亨利四世的加冕仪式

▲ 亨利四世统治早期危机重重，昭示着未来会有很多麻烦

英格兰王权游戏终极指南

请看下面的重大事件时间表，这些事件决定了玫瑰战争的结果

亨利六世出生

作为勇士之王（Warrior King）亨利五世国王和瓦卢瓦的凯瑟琳之子，亨利六世幼年时期便被加冕为英格兰国王和法国国王。亨利六世将目睹英格兰在百年战争中的最终失败，还因与强势的安茹的玛格丽特联姻而闻名。

1421年12月6日

造王者的出生

沃里克伯爵理查·内维尔是整个战争中最有权势的人物之一，他亲自监督废黜了两位国王。沃里克伯爵在巴尼特战役（Battle of Barnet）中阵亡。

1428年11月22日

安茹的玛格丽特出生

作为玫瑰战争的关键人物之一和国王亨利六世未来的妻子，安茹的玛格丽特出生于法国，是安茹公爵雷内（René, Duke of Anjou）和伊莎贝尔·德·罗琳（Isabel de Loraine）之女。

1430年3月23日

贾斯珀·都铎出生

贾斯珀·都铎是传奇中的威尔士勇士欧文·都铎之子，其父亲曾在阿金库尔战役中与亨利五世并肩作战。贾斯珀将会成为一位指挥官，在亨利·都铎夺取王位时发挥了重要作用。

1431年

1470年3月12日，鲁斯考特荒原之战（the Battle of Losecoat Field）

爱德华四世集结了一支新军队，于恩平汉姆（Empingham）袭击了兰开斯特家族军队，并大获全胜。

1469年7月26日，艾治考特摩尔战役（the Battle of Edgecote Moor）

召集军队平息了约克郡的起义之后，爱德华四世国王的部队遭到一支兰开斯特部队的拦截，并被雷德斯代尔的罗宾（Robin of Redesdale）击败。

1466年2月11日，约克的伊丽莎白出生

伊丽莎白·伍德维尔（Elizabeth Woodville）和爱德华四世的独生女——约克的伊丽莎白（Elizabeth of York），在亨利七世（Henry VII）统治时期加冕为英格兰王后。玫瑰战争结束之后，兰开斯特家族和约克家族最终和解，约克的伊丽莎白在王室中代表约克家族。

巴尼特战役（the Battle of Barnet）

造王者的最后一幕，在巴尼特战役中，造王者沃里克伯爵在1471年4月14日的巴内特之役中被爱德华四世所杀。

1471年4月14日

亨利六世重新登上王位

沃里克伯爵在与旧盟友爱德华四世疏远后，与安茹的玛格丽特达成协议，击败了约克家族。造王者沃里克伯爵恢复了亨利六世的王位。

1470年10月30日

赫克瑟姆战役

赫克瑟姆战役是久经沙场的兰开斯特指挥官萨默塞特公爵的最后一战，这场战争见证了约克家族的一次重大胜利以及萨默塞特的被俘与处决。

1464年5月15日

亨利六世去世

据报道，在伦敦塔被囚禁了一段时间之后，亨利六世去世。有人怀疑亨利六世是爱德华六世下令处死的，因为在亨利六世死亡数小时之前，爱德华刚刚重新加冕为王。

1471年5月21日

图克斯伯里战役（the Battle of Tewkesbury）

因爱德华——安茹的玛格丽特的独生子战死及安茹的玛格丽特本人被俘而闻名。

1471年5月4日

爱德华四世在40岁去世

两度作为英格兰国王成功地统治了英格兰数十年之后，爱德华四世突然意外去世，使英格兰重新陷入政治动荡。爱德华四世去世时，其子爱德华五世仅12岁。

1483年4月9日

安茹的玛格丽特战败

玛格丽特一生中大部分时间都在竭力为其子争夺英格兰王位而战，而独子爱德华却在图克斯伯里战役中战死，这对一度强势的王后来说无疑是最后一击。由于精神崩溃，玛格丽特被逐回法国，继而作为法国国王的一名贫困潦倒的亲戚在法国度过余生。

1475年

囚禁在伦敦塔中的王子

爱德华四世去世时仅存的两个儿子爱德华五世和舒兹伯利的理查德（Richard of Shrewsbury）年轻时被关押在伦敦塔内，后神秘失踪；两位王子很可能遭人杀害，以消除两位王子登上王位的任何可能性。至于是谁下令处死两位王子的，尚不知晓。

1483年

英格兰未来的约克家族国王

未来的爱德华四世是理查·金雀花和塞西莉·内维尔（Cicely Neville）的长子。父亲在韦克菲尔德战役（Battle of Wakefield）中战死之后，爱德华四世与其父亲的旧盟友"造王者"沃里克伯爵联手，通过血战夺得王位。爱德华四世的妻子是伊丽莎白·伍德维尔。

1442年4月28日

约克担任护国公

亨利六世第一次精神崩溃后，约克的理查再度回到伦敦，被任命为护国公。理查将萨默塞特公爵囚禁在伦敦塔内，并与安茹的玛格丽特形成传奇中的争斗关系。

1453年3月27日

玛格丽特夺回权力

亨利六世在圣诞节奇迹般地恢复过来，亨利六世的妻子玛格丽特便迫不及待地恢复了国王至高无上的权力，并将约克的理查逐出首都伦敦。

1455年2月

沃里克成为加来总管

沃里克伯爵理查·内维尔成为加来总管，这一职位掌握着强大的财权和军权，让沃里克伯爵的权力达到了巅峰：不仅控制着英格兰事务，而且掌握法国一些地区的事务。

1455年

玛格丽特·博福特出生

未来的国王亨利七世的母亲玛格丽特·博福特出生于英格兰贝德福德郡（Bedfordshire）的布莱索城堡（Bletsoe Castle）。玛格丽特·博福特将成为一名极具影响力的老祖母，帮助都铎王朝崛起和稳固。

1443年5月31日

理查前往伦敦

带着满腔牢骚和不满，约克的理查从爱尔兰出发前往伦敦，要求罢免亨利六世的堂叔萨默塞特公爵埃德蒙·博福特的职务，因为后者有诸多明显的失策。然而，约克的理查没有获得宫廷内的支持，因而，一年之后空手而归。

1452年

法国在卡斯蒂永击败英格兰

在卡斯蒂永战役中，英格兰惨败，法国军队以决定性的胜利战胜了英格兰军队，终结了这场百年战争。得知这一消息后，亨利六世精神崩溃。

1453年7月17日

第一次圣奥尔本斯战役（the First Battle of St Albans）

这次战役揭开了玫瑰战争的序幕。虽然圣奥尔本斯是一场小规模战役，但仍然造成3名兰开斯特贵族阵亡。

1455年5月22日

恢复战争状态

数年紧张的和平之后，战争再次爆发，理查·内维尔胜于数量上占优势的敌人。

1459年9月23日

路德孚桥战役

布洛希斯（Blore Heath）战役胜利之后，约克家族的支持者在路德孚桥（Ludford）重新集结。然而，当亨利六世率领一支庞大的军队抵达时，许多约克家族的支持者已逃之夭夭。

1459年10月12日

海哲力摩尔战役

"造王者"沃里克的兄弟约翰·内维尔在前往苏格兰边境签署和平条约的途中，与兰开斯特军队发生冲突。

1464年4月25日

爱德华四世加冕

约克的爱德华在陶顿战役中取得了来之不易的胜利，为登上王位扫清了障碍，并在伦敦加冕为国王。爱德华四世的加冕受到了民众的热烈欢迎。

1461年6月28日

陶顿战役

玫瑰战争中最惨烈的一场战役。这场战役在约克郡陶顿村附近展开，双方共有近30000名将士阵亡于大雪之中。

1461年3月29日

韦克菲尔德战役

约克公爵理查·金雀花的最后一战。理查策马冲出桑德尔城堡的防御阵地，但被兰开斯特军队杀死。

1460年12月30日

约克家族在北安普顿（Northampton）占据上风

由于兰开斯特勋爵埃德蒙·格雷在战争中突然向约克家族倒戈，这场战争变得耐人寻味。约克家族轻松胜出并在战争中占了上风。

1460年7月10日

伊丽莎白·伍德维尔嫁给国王爱德华四世

伍德维尔来自一个地位低下的家庭，被称为"不列颠岛上最美丽的女人"。凭借这一优势，伍德维尔顺利与国王爱德华四世步入婚姻殿堂。

1464年5月1日

费里布里奇战役（the Battle of Ferrybridge）

这是在陶顿战役（the Battle of Towton）之前发生的小规模、前兆性的冲突，在这次战役中，约克家族领袖菲茨沃尔特（Fitzwalter）公爵战死沙场。

1461年2月17日

第二次圣奥尔本斯战役

一次导致玫瑰战争的后续战役。这次战役参战人员更多，阵亡人数更多。不过，重要的是，这次战役以兰开斯特家族的胜利而告终。

1461年2月17日

兰开斯特家族的军队溃不成军

父亲理查在韦克菲尔德战败之后，理查之子爱德华在贾斯珀·都铎的领导下击溃了兰开斯特家族。

1461年2月2日

1485年，国王的母亲抵达王宫

获悉儿子亨利取得博斯沃思战役胜利之后，亨利的母亲玛格丽特·博福特抵达王宫，为自己创造了一个新头衔——"我之圣母，国王之母（My Lady the King's Mother）"，以确保自己在法律和社会上的独立性。

亨利七世实现两大家族联合

亨利七世迎娶约克王朝的伊丽莎白联姻，由此，亨利七世最终把约克王朝和兰开斯特王朝这两个交战方联合了起来。这次联姻标志着都铎王朝的开始，这个王朝将一直统治英格兰到1603年3月24日。

1486年1月18日

理查成为国王

尽管被爱德华四世任命为护国公，理查三世还是在爱德华四世的两位王子在伦敦塔被杀之后加冕为国王。

1483年7月6日

白金汉公爵造反

约克的理查登上王位之后位引起了巨大的争议，于是各地纷纷造反。其中，最大的一次造反由白金汉公爵亨利·斯塔福德（Henry Stafford）策划，因为白金汉公爵对此尤为不满。不过，他的举兵没有成功。

1483年10月18日

安妮·内维尔去世

当国王理查三世四面楚歌时，其王后在伦敦威斯敏斯特死于疾病。当天出现了日食，人们将其视为理查即将倒台的预兆。

1485年3月16日

博斯沃思战役

这场战役是玫瑰战争中起决定性的高潮之战，见证了约克家族的国王理查三世阵亡，其所率领的万人大军被击溃。理查三世的对手，年轻而富有魅力的亨利·都铎（Henry Tudor）开辟了直通英格兰王位的道路。数月之后，亨利·都铎便获得加冕，成为亨利七世。

1485年8月22日

玫瑰战争结束

亨利·都铎在斯托克战役（the Battle of Stoke）中扫清了对王位的最后威胁，玫瑰战争历经30余年的动荡、混乱、战争、内斗、陷害、站队、谋杀和算计之后，宣告结束。虽然王位还面临一些威胁，但威胁不大，亨利七世继续统治了20余年。

1487年6月16日

15世纪40年代：
《伊顿公学宪章》
（ETON COLLEGE CHARTER）

赞助人：亨利六世

亨利六世于1440年成立了伊顿公学，当时人们称之为"温莎宫畔伊顿圣母国王书院（The King's College of Our Lady of Eton beside Windsor）"。亨利六世原本计划为70名贫困男孩提供免费教育，于是他向伊顿公学注入了大量的资金，赐予伊顿公学土地、住宅和金银财宝。但是，1461年，爱德华四世登基之后，老国王的许多馈赠物品和学校的钱财都被没收，学校陷入了财务困境。

兰开斯特家族统治时期

- 24　1455—1460年的关键人物
- 26　战争与杀戮
- 28　疯子国王亨利
- 38　女强人安茹的玛格丽特
- 44　韦克菲尔德战役
- 48　造王者沃里克

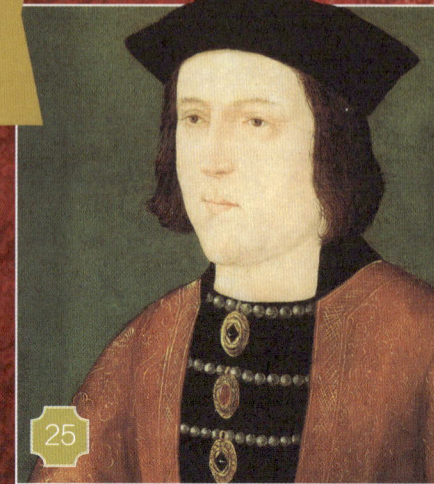

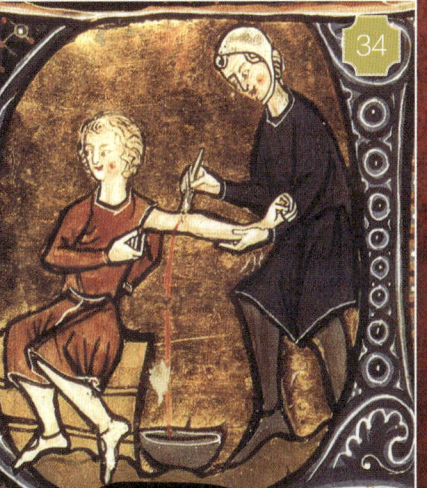

1455—1460 年的关键人物

在亨利五世令人敬畏的统治之后，亨利六世的统治却软弱无能，随后引发了一场王朝冲突，改变了15世纪英格兰的政治面貌。然而，谁是1455年至1460年的主角呢？

◆ 亨利六世 ◆

所属联盟：兰开斯特家族
寿命：50
政治实力：1/10
军事实力：3/10

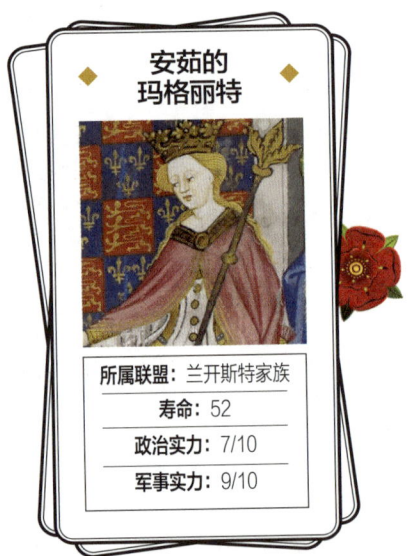

◆ 安茹的玛格丽特 ◆

所属联盟：兰开斯特家族
寿命：52
政治实力：7/10
军事实力：9/10

◆ 约克的理查 ◆

所属联盟：约克家族
寿命：49
政治实力：7/10
军事实力：8/10

所属联盟： 亨利六世是兰开斯特家族的最后一位英格兰国王。

寿命： 亨利六世生于1421年，死于1471年。他很有可能死于谋杀。

政治实力： 亨利六世的一生饱受精神病的折磨，并为宫廷中的权臣所左右。

军事实力： 作为国王，亨利六世是兰开斯特家族及其军队名义上的领袖。但是，事实上，亨利六世只是傀儡。

简介： 亨利六世9个月大时就登上英格兰王位，但历史最终证明，亨利六世软弱无能。亨利六世在位期间精神病频发，直接导致了英格兰王室的权力真空以及随后约克家族和兰开斯特家族之间的争斗。亨利六世去世之后，兰开斯特家族不再统治英格兰。不过，兰开斯特家族的亨利七世要求获得继承权，亨利七世后来成为都铎王朝的创始人，都铎王朝统治英格兰一直到1603年。

所属联盟： 作为亨利六世的妻子，安茹的玛格丽特竭力捍卫兰开斯特的王权，尤其是代表她的儿子。

寿命： 她生于1430年，死于1482年，死因不详。

政治实力： 玛格丽特十分精明，令人敬畏。即便是爱德华四世加冕为国王之后，玛格丽特还是继续寻求强大的联盟来支持兰开斯特家族。

军事实力： 由于她丈夫患有精神病，玛格丽特不得不事事出头，甚至还参加了图克斯伯里战役。

简介： 由于害怕约克公爵理查篡夺王位，玛格丽特竭尽全力剥夺理查的权力。在随后的玫瑰战争中，玛格丽特领导了兰开斯特家族，坚定地捍卫丈夫和儿子——威尔士亲王爱德华的权利。丈夫和儿子死后，玛格丽特再没有理由去战斗，于是在法国度过了余生。

所属联盟： 身为约克家族的一员，理查有资格问鼎英格兰王位。

寿命： 理查生于1411年，1460年阵亡。

政治实力： 尽管理查曾与兰开斯特家族发生冲突并成功地担任了护国公一职，但他仍未能获得足够的支持而成为继任国王人选。

军事实力： 虽然胜利一直在约克家族和兰开斯特家族之间摇摆不定，但理查成功地在亨利六世去世之前掌权了。

简介： 由于对王位的强烈要求，理查与兰开斯特家族的冲突是促成玫瑰战争的主要因素。亨利六世精神不稳定期间，理查曾两次担任护国公，甚至试图登上王位，但没有得到支持。然而，《调解法案》颁布之后，理查成为亨利六世的继承人，直接剥夺了亨利六世之子爱德华的继承权。但两个月之后，理查便战死。

理查·内维尔

所属联盟：约克家族和兰开斯特家族
寿命：43
政治实力：10/10
军事实力：6/10

所属联盟：作为约克家族关键人物之一，沃里克公爵理查·内维尔后来却倒向兰开斯特家族。
寿命：生于1428年，1471年战死沙场。
政治实力：不管站在约克家族一边还是兰开斯特家族一边，沃里克都擅长利用政治关系为自己谋利。
军事实力：沃里克在帮助爱德华登上王位这件事上至关重要，后来阵亡主要是因为沃里克对传统战术的依赖。
简介：约克公爵死后，沃里克与马奇伯爵爱德华结盟。他们成功地废黜了亨利六世，但随着伍德维尔家族在王朝中日益得势，沃里克便举兵试图推翻爱德华，但以失败告终。此后，沃里克逃到法国，并与安茹的玛格丽特结盟以图恢复亨利的王位。沃里克成功了，但半年之后战死。

马奇伯爵爱德华

所属联盟：约克家族
寿命：41
政治实力：7/10
军事实力：9/10

所属联盟：爱德华是约克家族的一员，也是第一位约克家族国王竞争者——约克公爵理查之子。
寿命：爱德华生于1442年，死于1483年，很可能死于肺炎或伤寒。
政治实力：兰开斯特王朝统治时期，爱德华在当时的政治游戏中只是一个小角色，约克家族事业主要由其父亲负责。父亲死后，爱德华与沃里克结盟。
军事实力：在其一生中，令爱德华得以自豪的是，他从未输过一场战役。
简介：父亲死后，爱德华子承父业，成功地废黜了亨利六世而登上王位。由于兰开斯特家族和主宰宫廷的各种派系之争，爱德华统治时期政治一直动荡不安。1470年，爱德华的王位被颠覆；半年之后，爱德华又重新登上王位，并一直和平统治英格兰直到去世。

埃德蒙·博福特

所属联盟：兰开斯特家
寿命：49
政治实力：4/10
军事实力：3/10

所属联盟：埃德蒙是兰开斯特家族的一员，约克伯爵理查的对手。
寿命：埃德蒙生于1406年，1455年战死沙场。
政治实力：埃德蒙与安茹的玛格丽特联盟并控制了亨利六世，但这种行为引起了与约克家族的重大冲突。
军事实力：作为英格兰军队的军事指挥官，埃德蒙多次军事失利，让他备受奚落。
简介：因埃德蒙与安茹的玛格丽特合谋垄断宫廷中的权力，其与约克公爵理查的冲突日益恶化。各种谣传称，埃德蒙与亨利五世的王后瓦卢瓦的凯瑟琳有染，是王后儿子爱德华的亲生父亲，但这一点始终未得到证实。理查成为护国公之后，埃德蒙失去了权力，而且，由于理查决心除掉他，所以埃德蒙最终在第一次圣奥尔本斯战役中战死。

卢森堡的杰奎达

所属联盟：兰开斯特家族和约克家族
寿命：57
政治实力：9/10
军事实力：1/10

所属联盟：当杰奎达（Jacquetta）的女儿伊丽莎白·伍德维尔嫁给爱德华四世之后，虽然曾经是兰开斯特家族的联盟，但杰奎达还是倒戈投向约克家族。
寿命：杰奎达生于1415年，死于1472年，原因不详。
政治实力：作为国王的岳母，杰奎达见证了家族在王朝中的崛起并为自己的孩子安排了各种有利的婚姻。
军事实力：比起军事问题，杰奎达干预更多的是王室内务。
简介：杰奎达的第一任丈夫是亨利四世的儿子；直到约克家族在陶顿战役获胜前，第二任丈夫理查·伍德维尔都是兰开斯特家族的重要支持者。后来，他们的女儿伊丽莎白嫁给了新国王爱德华四世，杰奎达便转而支持约克家族。她的家族在宫廷中地位显赫，但她的对手指控她使用巫术。

伊丽莎白·伍德维尔

所属联盟：兰开斯特家族和约克家族
寿命：55
政治实力：8/10
军事实力：1/10

所属联盟：伊丽莎白原本嫁给兰开斯特派约翰·格雷爵士，丈夫阵亡后，眼看兰开斯特家族事业无望，转而支持约克家族。
寿命：伊丽莎白大约生于1437年，死于1492年，死因不详。
政治实力：伊丽莎白深谙何时该转变阵营。她不仅通过嫁给爱德华四世加入了约克家族，而且与玛格丽特·博福特合作，联手对抗理查三世。
军事实力：伊丽莎白军事方面建树很少。
简介：伊丽莎白是兰开斯特家族中的一位寡母，因此，她与英格兰国王爱德华四世的秘密婚姻引起了轩然大波。爱德华四世统治时期动荡不安：先是爱德华四世遭到废黜，而后爱德华四世又重登王位。爱德华四世和伊丽莎白之子，包括后来被关押在伦敦塔里的两位王子，在爱德华四世去世、理查三世成为国王之后，都被宣布为非婚生子。伊丽莎白反对理查登基，便与玛格丽特·博福特结盟，安排女儿和玛格丽特的儿子结婚，借此让约克家族和兰开斯特家族联手。

战争与杀戮

1455—1460

1455年，英格兰陷入一场血腥的内战。
看一看，哪些战役决定了玫瑰战争早期的战争局势？

作者：威廉·E. 威尔士

第一次圣奥尔本斯战役

1455年5月22日

约克家族胜利

国王亨利六世的扈从在前往莱斯特郡（Leicester）参加大议会的途中，在圣奥尔本斯遭到了改革派约克公爵理查·金雀花及内维尔同盟军的伏击。尽管莱斯特的城防非常坚固，但理查·内维尔所率领的英格兰中部军还是硬闯了进去。于是，双方在莱斯特郡集市上展开了激烈的混战。克利福德勋爵（Lord Clifford）、诺森伯兰郡第二代伯爵亨利·珀西（Henry Percy, 2nd Earl of Northumberland）和萨默塞特第二公爵埃德蒙·博福特（Edmund Beaufort, 2nd Duke of Somerset）均死于混战之中。约克俘虏了亨利六世，建立了第二护国公政体（the Second Protectorate）。

布洛希斯战役

1459年9月23日

约克家族胜利

当索尔兹伯里伯爵（Earl of Salisbury）理查·内维尔的军队向勒德洛城堡（Ludlow Castle）进军并准备与约克家族军队会师时，奥德利勋爵（Lord Audley）兰开斯特家族的詹姆斯·杜歇特（James Touchet）截击了他们。奥德利勋爵的任务是抓捕内维尔，阻止其所部去勒德洛城堡。奥德利勋爵率领骑兵两次向约克家族军队发起冲锋，但自己在第二次冲锋中丧命。此后，指挥权落到达德利勋爵约翰·萨顿（John Sutton, Lord Dudley）的身上；达德利勋爵率领军队出击，但袭击失败了。兰开斯特家族军队四处溃逃；约克家族取得了胜利。

路德孚桥战役

1459年10月12日—13日

兰开斯特家族胜利

白金汉第一公爵汉弗莱·斯塔福德（Humphrey Stafford）率领的兰开斯特皇家军队，与约克公爵理查率领的、固守在战壕里的约克家族军队在什罗普郡（Shropshire）的路德孚桥交战。驻军加来的一支分遣队在第一天晚上就倒戈向兰开斯特家族投诚。约克及其两个儿子以及索尔兹伯里伯爵和沃里克伯爵发现，由于倒戈事件，对方人数占绝对优势，便弃军逃往威尔士。第二天上午，约克家族军队被迫解散。

北安普顿战役

1460年7月10

约克家族胜利

从考文垂（Coventry）返回伦敦的途中，亨利六世的军队在北安普顿挖掘战壕，准备迎战由沃里克伯爵理查·内维尔率领的约克家族军队。当沃里克向兰开斯特家族军队右方发起进攻时，坚守那片阵地的埃德蒙·格雷的手下便倒戈向约克家族投诚。一进入敌军防线，沃里克的军队就消灭了兰开斯特家族的军队。白金汉公爵被杀，国王亨利六世再次成了约克家族的俘虏。

韦克菲尔德战役

1460年12月30日

兰开斯特家族胜利

初冬时分，约克公爵理查·金雀花前往约克郡的桑德尔曼格纳（Sandal Magna）征募更多军队，以巩固其护国公的地位。约克公爵还想击败一支人数可观的兰开斯特家族军队，这支队伍由萨默塞特第三公爵亨利·博福特指挥，集结于庞特弗拉特城堡（Pontefract Castle）。兰开斯特家族将约克引诱到桑德尔曼格纳之外，与其交战并杀了他。约克的次子埃德蒙试图逃跑时也被杀。

约克公爵、约克公爵的两个儿子及索尔兹伯里伯爵和沃里克伯爵丢了自己的军队，逃往威尔士。

疯子国王亨利

国家本已陷入困境，国王亨利六世又突然得病，
由此引起了不和，挑起了冲突，
史无前例地将英格兰推向内战的边缘。

作者：乔恩·莱特（Jon Wright）

1453年8月初，亨利六世在索尔兹伯里附近的一家皇家狩猎小屋中，染上了一种可怕且颇为神秘的疾病。如维特哈姆斯蒂德修道院院长（Abbot Whethamstede）所描述的那样，这种"疾病击倒了国王，令他一度失去了理智和记忆，几乎整个身体都不协调……他既不能走路，也不能昂首挺胸，还不能轻易挪位置"。

医生很难对亨利的疾病予以确诊。有人认为，在与法国的战争中，加斯科尼失陷，国王受到这则消息惊吓，陷入极度抑郁。有关卡斯蒂永（Castillon）这场灾难性战争的消息很可能已经在8月初传到亨利六世的耳朵里。其他人指出，这场疾病很可能与亨利家族遗传的精神病有关，尤其是与亨利六世的外祖父，法国国王查理六世（Charles VI）有关。人们还提出了更多离奇的推测，比如精神分裂症。总而言之，历史学家拉尔夫·格里菲思（Ralph Griffiths）的建议还是很明智的。在描述亨利六世的病时，他写道："两个半世纪的时间都过去了，这时候再去推测病因，或许徒劳无益。"

不过，可以肯定的是，亨利六世的病非常严重，持续了将近17个月。起初，国

▲ 16世纪一位不知名的画家所画的亨利六世的肖像

第一次圣奥尔本斯战役

玫瑰战争中第一次重要的小规模冲突

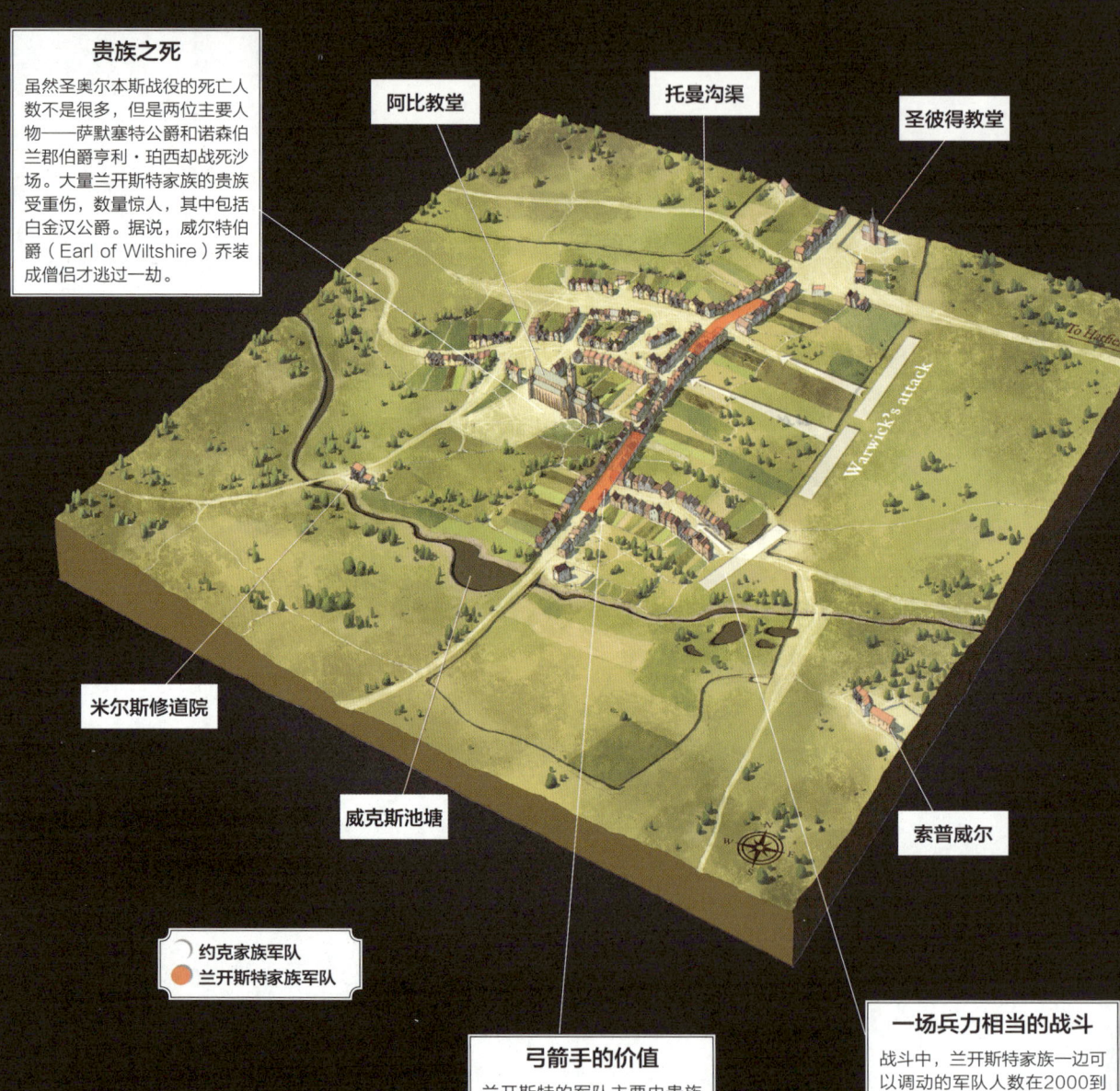

贵族之死

虽然圣奥尔本斯战役的死亡人数不是很多,但是两位主要人物——萨默塞特公爵和诺森伯兰郡伯爵亨利·珀西却战死沙场。大量兰开斯特家族的贵族受重伤,数量惊人,其中包括白金汉公爵。据说,威尔特伯爵(Earl of Wiltshire)乔装成僧侣才逃过一劫。

阿比教堂

托曼沟渠

圣彼得教堂

米尔斯修道院

威克斯池塘

索普威尔

- ○ 约克家族军队
- ● 兰开斯特家族军队

弓箭手的价值

兰开斯特的军队主要由贵族随从组成,其弓箭手人数少得可怜。相比之下,约克家族军队则有一支由600名弓箭手组成的队伍,这些士兵来自苏格兰边境,他们在确保约克家族战争胜利方面发挥了关键作用。

一场兵力相当的战斗

战斗中,兰开斯特家族一边可以调动的军队人数在2000到2500人之间。据说,约克家族投入战斗的兵力多达5000人,甚至7000人;但由于许多预期参战的军队并未出现,因此,约克家族军队人数更有可能在3000人左右。

王无法自己吃饭，而且似乎失去了辨认的能力，就连那些最亲近的人也认不出。1453年10月，亨利的儿子爱德华出生，这件事对兰开斯特王朝而言具有重大意义。然而，当人们将孩子带到亨利面前，介绍说是他儿子时，国王竟毫无表情。当时有人这样描述，"白金汉公爵将爱德华亲王接到怀里，小心翼翼地把他放到国王眼前，恳求国王为他祝福"，但亨利"没有任何反应"。王后还试图引起亨利的兴趣，"但是一切努力都是徒劳"。到1454年3月，国会派了一支代表团来诊断亨利的病情，情况仍未有好转。他们还是"得不到任何回应，无论是语言还是手势"，只能"伤心地离开"。

正如那些议员意识到的那样，亨利的疾病（一位英格兰国王所能承受的最虚弱的状态）所带来的政治风险十分巨大。在过去的三年中，亨利六世的声望直线下降，经济萧条愈加严重，国家最不需要的就是一位无能的统治者。

实际上，1453年的开端对亨利而言颇为顺利。亨利曾在议会会议期间几度满怀热情地发言，承诺要成为"一名仁慈的君王"，甚至还考虑过巡游全国各地，以安抚各郡的紧张局势。但很快，同样的问题再次出现，尤其是北方的珀西家族和内维尔家族之间的敌对升级，而亨利似乎完全无法控制这一局面。如今，国王卧病在床，当务之急就是找一个人执掌大局，但谁值得托付如此大任呢？

亨利六世的妻子安茹的玛格丽特清楚地表明，她很乐意担任摄政王（regent），但是大多数政治精英都认为这不可取。于是，许多人把目光转向了约克公爵理查。其实，从许多方面讲，约克都是一个有问题的候选人。15世纪30年代和40年代，约克曾在诺曼底两次担任国王的代理总督；不过，1445年返回英格兰之后，约克与国王的关系就变得越来越紧张。还有人推测，约

▲ 萨默塞特公爵埃德蒙·博福特是约克公爵的劲敌。图中显示，他正在鲁昂与法国人谈判

克在很早的时候就对王位虎视眈眈，但这似乎不太可能。

整个15世纪40年代，约克因其在法国的行为而饱受非议，但他的财富仍在继续累积。尽管他不在真正的权力中心，但约克仍有着相当大的影响力。即便如此，当他无法继续在法国担任代理总督时，他一定感到受到了侮辱；当这一职位落入其劲敌萨默塞特公爵埃德蒙·博福特手中时，他无疑感到惊愕与失落。但提供给约克的职位（爱尔兰代理总督）也使他享有很高的声誉且待遇丰厚。因此，当1449年约克渡过爱尔兰海时，没有任何迹象表明，他会在几年内把英格兰搅得天翻地覆。

1450年9月，约克未经许可出人意料地从爱尔兰返回英格兰，但此时约克与英格兰政府的关系已经疏远，而且这种情况日益严重。杰克·凯德以及跟随他一起的造反者对约克赞赏有加，约克本人也加入了要求撤换亨利六世身边那些不靠谱的大臣的行列之中，但这一举动令国王对他心

存芥蒂。

　　1452年，局势变得更加紧张，约克对萨默塞特公爵的敌意达到了顶峰，于是他召集了几支军队，冲突一触即发。然而，在这些棘手的事件之后，约克不得不以近乎屈辱的方式庄严地宣誓，决不起兵造反。其实，作为英格兰老国王爱德华三世的直系子孙，约克对王位提出要求是合法的；因此，亨利六世生病期间，人们将约克视为摄政的最佳人选。然而，亨利六世之子的出生却很有意义，因为，如此一来，约克便不再是候选继承人，而且，强大的内维尔家族的支持也至关重要。

　　即便如此，1453年10月，约克还是应召于11月12日抵达伦敦。次年2月，议会决定让约克担任护国公（Protector of the Realm）。次年3月，在评估了亨利六世的健康状况之后，约克

▲ 约克家族的第三公爵理查，也是亨利六世患病期间的护国公，第一次圣奥尔本斯战役的胜利者

◀ 圣奥尔本斯修道院。战争结束之后，亨利六世被带到这里，约克的理查及其追随者都向亨利六世宣誓效忠

开始掌权。做出这些决定时，大臣们并没有什么热情。一个明显的事实是，相关几次议会会议期间，议员的缺席率创下了历史纪录，但选约克公爵担任护国公这项决定并非大错特错。

设立护国公一职不是什么灾难。约克采取了一种极具安抚性的方法，克制了迫害自己政治对手的冲动，甚至设法采取明智的措施来减少王室的开支（同时也为自己敛财）。一位约克的同代人总结道：整整一年下来，约克"都以最高尚、最完美的方式治理整个英格兰"。但是，对于公爵来说，不幸的是，亨利六世和萨默塞特公爵身边的许多重要人物以及对安茹的玛格丽特的敌对家族心存芥蒂的人依然很有势力，而且这些人对他的成见很深。约克的政治活动空间受到了限制，内维尔家族和珀西家族之间的冲突继续暗流涌动，那些主要人物，尤其是埃克塞特公爵亨利·霍兰德的阴谋清楚地表明：约克并没有失去为自己树敌的本事。

然而，虽然让约克担任护国公确实让人头疼，但他的职位注定不会持续太久。1454年圣诞节前后，毫无预兆的，国王的病情突然好转了。亨利声称，自己记不得过去17个月的事情。虽然他的余生也都会遭到病魔的困扰，但如今他却能够声明自己的政治主张。约克的竞争对手萨默塞特公爵也重新获得自由。因此，察觉到政坛的暗流涌动之后，约克于1455年2月辞去了护国公的职务。

1455年初，英格兰国内政局明显紧张。有人提议在莱斯特成立一个枢密院大议事会。但约克家族的领袖们害怕或许做出什么对他们不利的决定,已经集体离开法庭。而约克的理查则认为,向北进军并确保军队安全才是明智之举。国王命令约克家族下台,但约克家族对此不予理睬,而且当国王及其随从于5月离开伦敦时,约克家族决计阻挠。第一次圣奥尔本斯战役实际上更像是一场小规模的冲突,持续时间不到一个小时,造成的伤亡人数不过几十人,但这场战役却是英格兰历史上一个关键的转折点。距离玫瑰战争真正爆发还有4年时间,但是,大卫·休谟(David Hume)在18世纪撰写的《英格兰历史》(History of England)中是这样描写第一次圣奥尔本斯战役的:"那场战役是关系到英格兰存亡的玫瑰战争中的第一场血战,但整个战争要30年之后才结束。"此话说得不无道理。

必须强调的是:值此关头,约克家族并没有致力于要推翻亨利六世。5年之后,约克公爵才提出继承王位的要求。当时,约克公爵的目的是解除萨默塞特公爵手中的权力、重新获得左右国王的大权。5月22日,圣奥尔本斯的一系列事件使第一个目标得到明确实现,并朝着第二个目标迈出了一步。

早晨7点左右,国王及其由白金汉公爵率领的兰开斯特家族军队率先到达圣奥尔本斯。不过,前一天晚上,约克家族军队已经在圣奥尔本斯镇和威尔(Ware)之间安营扎寨。兰开斯特的总部设立在圣奥尔本斯小镇的修道院和民会会堂(Moot Hall)里,并建起了临时防御工事。约克家族军队继续向城外的基菲尔德(Keyfield)前进,并派遣使者与敌方进行了长达数个小时的谈判,这些举动似乎使得兰开斯特

治疗亨利六世
中世纪医学是如何治疗亨利六世的病情的?

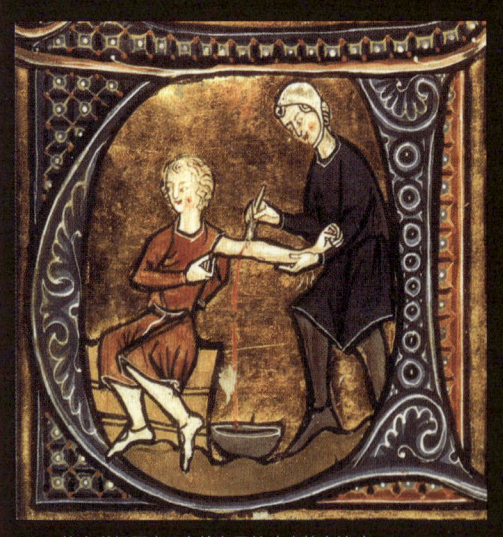
▲ 一位中世纪医生正在给自己的病人放血治病

正如人们所料,群臣请了一支医术十分高明的医学专家队伍来给亨利六世治病。1454年3月,他们还正式任命了三名内科医生和两名外科医生,包括约翰·阿伦德尔(John Arundell)和威廉·哈特克利夫(William Hattecliffe)。前者毕业于牛津大学医学院,当时还是温莎城堡圣乔治教堂的一名教士(canon),后者曾先后在剑桥大学彼得学院和意大利帕多瓦大学求学。自1452年11月以来,他一直为王室服务。

医生们开了各种各样的药方,从泻药到膏药,从放血到"头部清洗"。所谓"头部清洗",就是用极度的高温给头皮加热。按照当时盛行的正统医学理论,这样做的目的是恢复国王身体中体液的平衡:医生们认为,亨利的病情源于血液和黏液等阴冷潮湿的体液在体内积累过多。还有,很重要的是,这些"医学大师"也是神职人员。正如医生委员会所解释的那样:"由于神灵显灵,我们身体上遭受着疾病的折磨;因此,如果我们能够取悦于神灵,我们便有希望从疾病中解脱出来。"因此,治疗疾病中,祈祷与科学知识一样重要。

医生开出了各种各样的处方,从泻药到膏药,从放血到"头部清洗"。

▲ 温莎城堡，在长达17个月的患病期间，亨利在这里度过了大部分时间
▶ 1453年10月，亨利之子爱德华出生，兰开斯特家族因此举行了盛大的庆典

家族认为很有可能达成和解，因为他们穿铠甲的时候动作缓慢。然而，当约克家族发动猛攻时，他们的希望彻底破灭了。

前几轮进攻毫无结果；狭窄的巷子以及路障阻碍了约克家族军队的大举入侵。接着，沃里克伯爵理查·内维尔突袭了镇子上一个防御薄弱的地方。约克家族军队蜂拥而至，弓箭手射死了护卫在国王周围的士兵，国王的颈部也受了伤，萨默塞特公爵则躲在城堡旅馆暂避，但之后仍然死在对方的剑下。

国王亨利发现自己此时完全被抛弃，于是逃到附近一个制革工的家里。得知这一消息之后，约克下令把国王送到圣奥尔本斯修道院。在约克家族大获全胜的情况下，理查和其他约克家族领袖跪倒在地，宣誓效忠亨利。

战斗结束后，各方都做出了艰苦的努力使局势恢复了正常。亨利和约克一起回到伦敦。那年晚些时候，亨利旧病复发，于是约克再次就任护国公。不过，任期只从1455年11月持续到次年2月。

圣奥尔本斯战役的爆发带来的敌意以及造成这种仇恨的紧张局势难以得到遏制。短短几年内，英格兰就陷入了全面的内乱和血腥的玫瑰战争中；虽然战争不长，但约克公爵再一次在这出徐徐拉开的剧幕中扮演了主角。

在约克家族大获全胜的情况下，理查和其他约克家族领袖跪倒在地，宣誓效忠亨利。

玫瑰战争时期的国王们

画家亨德里克·霍尔奇尼斯（Hendrick Goltzius）于1584年创作

这幅荷兰版画是一系列描绘英格兰国王和王后的版画之一。从这里，我们可以看到玫瑰战争时期约克家族的国王：爱德华四世、爱德华五世和理查三世。正如当时编年史上所描绘的那样，爱德华四世是一名武士国王，他个子高大、身强体壮。相比之下，理查三世看起来矮小肥胖、身体虚弱——这是都铎王朝时期对理查三世的描绘，这种观点持续了数百年，甚至直至今日。

女强人安茹的玛格丽特

一名穷困潦倒的法国公爵之女是如何成为英格兰历史上最具争议的王后之一的？

作者：杰西卡·莱格特（Jessica Leggett）

1445年，当安茹的玛格丽特与英格兰国王亨利六世以和平的名义联姻时，谁也没有料到仅仅十年后，这场婚姻会引起一场席卷英格兰的血腥内战。

玛格丽特出生于1430年，是安茹公爵雷内和洛林女公爵伊莎贝拉的女儿，她思维敏捷，颇有教养。由于她姑母安茹的玛丽（Marie of Anjou）的关系，玛格丽特也成为了法国国王查理七世的侄女。

自14世纪以来，英法两国便就法国王位的继承问题爆发了百年战争。玛格丽特和亨利的联姻为两国提供了急需的休战机会，于是这对新人的婚礼便在汉普郡（Hampshire）的提奇菲尔德修道院（Titchfield Abbey）举行。婚礼后不到一个月，年仅15岁的玛格丽特便在威斯敏斯特教堂（Westminster Abbey）加冕为英格兰新王后。

然而，这对新人的性格却截然不同。亨利是一位软弱的国王，他从几个月大的时候便开始统治英格兰，尽管16岁之前一直由别人摄政。由于不同的政治派别左右着宫廷，亨利实际上统而不治，而且精神不稳定也妨碍了他的统治能力。另一方面，玛格丽特则是一名高傲的、强势的、野心勃勃的女人。

很明显，从一开始，英格兰人就不欢迎这桩婚姻。毕竟，在过去的一个世纪

▶《塔尔伯特·舒兹伯利系列图书》（*Talbot Shrewsbury Books*）中描绘了亨利六世与安茹的玛格丽特的大婚场景

里，他们一直与法国时断时续地处于战争之中，而如今却不得不接受一名法国女人做自己的王后。玛格丽特处境艰难，在一个不欢迎自己的国家里还要努力支持自己易受伤害的丈夫。

由于玛格丽特的父亲没有什么资产，因此，也没有提供一笔嫁妆，这桩王室婚姻对亨利来说并不那么有利。但是，亨利迫切需要一名男性继承人来确保兰开斯特王朝的地位，因此兰开家族希望玛格丽特能解决这个问题。但问题是国王对性生活几乎不感兴趣。亨利六世是一个害羞、胆怯而虔诚的男人，几乎不可能与妻子擦出激烈的火花。

王后的计划中断了，但经过八年不孕之后，她终于成功了：1453年10月，王后生下了一个男孩，这就是威尔士亲王爱德华。这本应该是一个欢乐喜庆的时刻。但就在两个月前，国王的精神完全崩溃了。玛格丽特不得不在接下来的权力斗争中保护兰开斯特王朝。

就像母狮保护其幼崽一样，王后希望为自己的儿子取得摄政权来保护他，因此玛格丽特不得不为权力而战。当然，对玛格丽特来说，一个女人担任摄政王并非什么异乎寻常之事：十年前，她的母亲就代表她的父亲这样做了。不过，玛格丽特所在的不是法国。在英格兰，女性统治的观念远没有那么受欢迎，因此，王后对摄政权的要求便以失败告终。尽管受挫，但玛格丽特不会因此而放弃保护自己的儿子。

亨利患病期间，约克公爵理查·金雀花被任命为摄政王。在爱德华王子未出生之前，约克是

▲ 国王亨利（坐着）及正在争执不休的约克公爵（左）和萨默塞特公爵

国王驾崩之后最有资格继承英格兰王位的人。玛格丽特与约克的关系并不好，尤其是因为她是约克公爵的对手萨默塞特公爵埃德蒙·博福特的盟友。事实上，宫廷中甚至还有些人怀疑玛格丽特和萨默塞特是情人，而萨默塞特是爱德华王子的亲生父亲。

由于玛格丽特担心约克会废黜她的丈夫、自己担任国王，王后和约克公爵的紧张关系进一步恶化。约克公爵把萨默塞特公爵囚禁于伦敦塔之后，这种怀疑不断加深。幸运的是，国王亨利六世于1454年年底恢复了神志，这对玛格丽特和萨默塞特二人而言非常有利。玛格丽特利用自己对丈夫的影响力，说服亨利六世将约克公爵赶出宫廷并释放了萨默塞特公爵。

这样，玛格丽特便代表自己的丈夫成了兰开斯特实际上的统治者，并决心废除约克家族的权力。玛格丽特的行为激怒了约克公爵。于是，1455年5月，约克公爵从北方召集军队，并开始

5月22日，第一次圣奥尔本斯战役的爆发对玛格丽特来说是一场彻底的灾难。兰开斯特家族军队惨败，萨默塞特公爵在混乱中被杀，于是，国王被约克家族控制。

南下对抗兰开斯特家族。约克公爵声称他这是在保护国王,但实际上他的行为标志着一场全面战争的开始。

5月22日,第一次圣奥尔本斯战役的爆发对玛格丽特来说是一场彻底的灾难。兰开斯特家族军队惨败,萨默塞特公爵在混乱中被杀,于是,国王被约克家族控制。约克公爵被任命为护国公,王后的地位则被削弱了。表面上实现了一种令人不安的和平,但玛格丽特狡猾地在幕后鼓动兰开斯特家族反抗她的死敌。

到1459年,两派之间的战争再次爆发。胜利在兰开斯特家族和约克家族之间摇摆不定:兰开斯特家族在年底的路德孚桥战役中获胜,但在1460年的北安普顿战役中失利。北安普顿战役的失败对王后来说是一场噩梦:国王亨利被俘了。此时,玛格丽特最担心的事情终于到来:亨利被迫签订了《调解法案》,这项议会法案承认约克公爵及其后代为亨利的继承人,因而剥夺了爱德华王子的继承权。

愤怒之下,玛格丽特带着儿子逃到威尔士,然后到苏格兰寻求支持。玛格丽特出逃后,兰开斯特家族于12月在韦克菲尔德战役中取得了急需的胜利,约克公爵及其许多将领都在这场战争中丧生。然而,约克家族的威胁并没有结束,因为约克之子马奇伯爵爱德华和他的侄子沃里克伯爵担任了约克家族的首领。

两个月后,也就是1461年2月,当兰开斯特家族向伦敦进军时,双方在第二次圣奥尔本斯战役中再度交锋。这次,玛格丽特在场,并见证了约克家族的失败,夺回了自己的丈夫。他们想要回首都伦敦,但王后没有预料到,伦敦人民会因为兰开斯特家族的暴力行径和杀伤掠夺而拒绝她入城。随着爱德华伯爵和沃里克伯爵带着各自的军队南下,玛格丽特被迫撤向北方,于是,双方在3月的陶顿战役中再次相遇。

这场战争对王后来说是彻底的惨败。兰开斯特家族的军队全军覆没,玛格丽特和国王以及他们的儿子一起亡命天涯。马奇伯爵爱德华即位,

▲ 人们以为,玛格丽特和亨利六世的联姻会给英格兰带来和平

称爱德华四世。爱德华四世派沃里克伯爵去北方扫清兰开斯特叛军的残余势力。接下来的几年里,玛格丽特一直鼓动兰开斯特家族起来造反。尽管她竭力把亨利隐藏起来,但她的丈夫还是于1465年再次被俘。玛格丽特别无选择,只好带着儿子逃往法国寻求庇护,因为法国由玛格丽特的表兄路易十一统治。被废黜的王后不得不重整旗鼓,试图为自己的大业争取支持。

在黑暗中等待多年之后,命运——或者说纯粹是运气——决定给玛格丽特一次她原先没有预见到的机会。1470年,沃里克因国王爱德华与伊丽莎白·伍德维尔有争议的婚姻及伊丽莎白家族在宫廷中崛起一事而与国王闹翻,之后逃到了法国。有"造王者"之誉的沃里克起兵造其前盟友的反,但却遭遇失败,此时正策划复仇。沃里克认识到,玛格丽特将会是一个强有力的盟友,于是通过路易国王找到了她。

对于和沃里克伯爵的合作,玛格丽特持怀疑态度。但她也知道,他是废黜爱德华四世的最佳人选;毕竟,这位伯爵被称为"造王者",不是空穴来风。沃里克答应会恢复她丈夫的王位,但玛格丽特并没有放松警惕。她坚持要沃里克在没有她出面的情况下先去英格兰,夺回她丈夫的王位,以此来证明他的忠诚。如果他成功了,她会率领自己的军队随后而至。

于是,一个可怕的联盟结成了。为了进一步证明自己的诚意,沃里克将自己的女儿安妮许配给了爱德华王子。9月,沃里克在英格兰登陆,而且他的起兵很快得到了支持。国王对这突如其来的攻击毫无准备,因此被迫逃离。到了10月,这位"造王者"成功地让亨利重新登上了王位。玛格丽特对沃里克履行了自己的承诺而感到十分满意,于是,同年12月主持了安妮和爱德华的婚礼,并准备让自己的军队返回英格兰。

然而,恶劣的天气却阻碍了王后横渡英吉利海峡。等她到达英格兰时,形势已经变了。爱德华四世率领自己的军队重回英格兰,于1471年4月

▲ 《根特手稿》(the Ghent Manuscript)中所示的图克斯伯里战役的微型图

安茹的玛格丽特的负面传奇？

这场污蔑王后名声的诋毁运动一直持续至今

在一幅最具标志性的肖像之中，玛格丽特在莎士比亚的戏剧《理查三世》（Richard III）中被称为"满脸皱纹的肮脏巫婆"。几个世纪以来，这种讥讽的言论司空见惯——称一个女人为巫婆是贬损她的最佳方式，尤其是在她处于有影响力的地位时。然而，实际上，玛格丽特只是在觉察到自己的丈夫和儿子受到约克公爵的威胁之后，才有政治野心的。就像她的母亲一样，玛格丽特在法国成长的过程中，身边都是有权势、受过教育的女性，因此，她很清楚，王室的权威必须靠战斗获得。

玛格丽特证明了自己是一位令人敬畏的王后。面对一个完全无行为能力的丈夫和英格兰宫廷的政治阴谋，她别无选择，只能自己领导兰开斯特家族的复兴大业。尽管如此，当时的人还是认为她的行为是反常的，与她所处的时代格格不入。

因此，人们谴责她是一个不守妇道、左右丈夫的邪恶女性。这一观点至今仍然大行其道。不幸的是，这种观点之所以有市场，部分原因是由于玛格丽特在玫瑰战争中是战败方，而历史总是由胜利者书写的。

14日在巴尼特战役中与沃里克对阵。玛格丽特刚刚踏上英格兰这片土地，沃里克就阵亡了。王后失去了自己的盟友，亨利国王又一次被俘，但玛格丽特拒绝退让。

在1471年5月4日的图克斯伯里战役中，玛格丽特带领着兰开斯特家族军队与约克家族军队作战。尽管玛格丽特努力指挥作战，但她的军队还是被击败了，而且她继续战斗的理由也随着自己宝贝儿子的阵亡而失去了。玛格丽特伤心欲绝，和她的丈夫一起被囚禁在伦敦塔中。不到两个星期，亨利便死了，很可能是在爱德华四世的命令之下被人暗杀了。

1475年，法国国王路易十一为玛格丽特支付了一笔赎金，而她也被迫放弃了对英格兰王位的要求以及她父母在法国的遗产。此后，玛格丽特的余生在穷困潦倒中度过，靠路易提供的一笔抚恤金生活，直到1482年去世。虽然玛格丽特最终没能为兰开斯特家族保住王位，但她证明了自己是一位蔑视一切的女强人，就像周围的男人一样英勇好战。

韦克菲尔德战役

约克的理查之死并没有像预期的那样结束战争

作者：德里克·威尔逊（Derek Wilson）

1460年秋天，约克公爵抓住了精神失常的国王亨利六世，并逼迫他签署了一项任命自己为王位继承人的协议，此后，他感到相当安全。约克公爵得到了伦敦市民的支持，他派儿子马奇伯爵爱德华去控制住威尔士，自己则前往北方。当时，玛格丽特王后正在北方活动，争取贵族的支持。12月21日，约克公爵在韦克菲尔德附近的桑德尔城堡扎营，并向支持者传达消息，要求他们在那里集合。约克公爵的敌人都在往赫尔山东部的金斯敦（Kingston）集结，他们能够从那里实施突然袭击，占领理查控制的疆土，然后再向桑德尔推进。

接下来的战斗细节不是很清楚，但结果很可能是由几方面因素决定的：恶劣的天气、双方军队的人数、支持者的忠诚度、难以坚守的阵地、轻率的战术以及兰开斯特家族人的狡诈。

当兰开斯特家族已在该地区站稳脚跟时，理查的部队还在从各个方向集结，而且因各种不利的条件而放缓了集结速度。尤其值得一提的是，约克公爵压根没有大炮，大炮是从伦敦运来的，但由于公路太泥泞，重型火炮车无法开往前线，因此不得不掉头返回伦敦。

根据当时最可靠的记录，兰开斯特家族军队大约15000人，而且他们有良好的补给线，这些补给线来自北方的军事基地。理查军队的规模一直备受争议：有人估摸是9000人，有人则认为约克家族军队的人数只有三位数。不管事实真相如何，理查军队在人数上远远处于劣势。但在离开伦敦的路上，约克公爵已经在沃克索普（Worksop）的一次小冲突中失去了一些人，而马奇伯爵率领的援军还尚未

谁来决定戴上皇冠的人?

如何确定谁来统治——以及如何除掉这些人?

1460年11月8日,约克公爵理查被宣布为亨利六世的法定继承人。玛格丽特王后拒绝接受这一事实,坚持认为自己的儿子爱德华才是亨利六世的合法继承人。正是她的决心导致了12月份的韦克菲尔德战役。那么,谁有权决定这些事情?

人人都曾认为,上帝是至高无上的君主,上帝任命国王以自己的名义进行统治。但是,上帝是如何表明其意愿的呢?有三种可能性:世袭继承;通过议会投票表达民意;通过征服。理查和亨利都是爱德华三世的直系后裔。但是,约克家族声称,亨利六世的祖父亨利四世是通过谋杀了上帝指定的君主——理查二世篡位的,因此没有世袭权。

然而,执法者指出,亨利四世及其后裔已经通过《议会法案》(Acts of Parliament)宣告而成为国王,而且约克的理查已经宣誓效忠亨利六世。执政的君主可能精神失常,但不能因此被废黜。然而,理查的地位震慑住了议会,结果双方达成妥协,理查将成为摄政王,而亨利死后,王位将由理查或其继承人继承。通过取消爱德华王子的王位继承资格,上议院议员们等于承认兰开斯特家族对王位的要求理由不充分,因为爱德华三世的王位是通过篡夺方式而获得的。这是起决定性作用的论据吗?最终的权力属于议会吗?还是说,上议院和下议院当时只是被掌权之人震慑住了?几个世纪后,诗人威廉·华兹华斯(William Wordsworth)或许给出了答案:

良好的古老制度令他们感到满意,
这种方案很简单;
他们应该把专权者赶下台,
并把可以掌权的人保留在位。

▲ 亨利四世的加冕仪式;亨利六世的祖父亨利四世于1399年从理查二世手中篡夺了王位

由于选择桑德尔作为基地,理查陷入了自己设计的圈套。

抵达。

北方的大家族更感兴趣的是维持和扩大自己的势力,而不是确定谁应该成为国王及给他们的候选人提供无条件的支持。例如,控制着兰开夏郡和威斯特摩兰郡(Westmorland)大片土地的内维尔家族便意见不一致:有些人追随约克的盟友索尔兹伯里伯爵,而另一些人,则由雷比(Raby)的约翰·内维尔领导;他们认为,支持玛格丽特王后对于自身最为有利。

由于选择桑德尔作为基地,理查陷入了自己设计的圈套。敌人切断了他的补给线后,他们便遭到了包围。随着冬天的到来,周围几乎找不到食物。到月底时,理查的阵地几乎不堪一击。

轻率的战术也导致了约克家族在韦克菲尔德

▲ 玛格丽特王后将一只纸做的王冠戴在被斩首的约克的理查头上

战役中的失败。由于约克性情急躁，没有耐心等待马奇伯爵和沃里克伯爵从中部地区调来的增援部队，而是决定主动发起攻势，这无疑是想突袭敌人，打他们个措手不及。其实，只要适当侦察一下，就可以看到敌人的真正实力。

一部编年史写到，约克是上了兰开斯特家族的一位将军安德鲁·特罗洛普（Andrew Trollope）爵士的当，才去进攻的。这位将军是个叛徒，此时和萨默塞特公爵共同领导着兰开斯特家族的军队。安德鲁·特罗洛普将一半的军队埋伏于林地，自己则大步朝城堡走去，引诱约克公爵出来进行一场看似势均力敌的战斗。

还有其他一些说法可以解释约克家族的灭顶之灾。当时一些编年史家对于约克1460年12月30日的自杀式袭击——从安全地带突然闯入桑德尔和考尔德河（River Calder）之间的韦克菲尔德绿地（这里，敌军的人数远远超过自己的军队）——做了各种各样的解释。有些人认为，约克公爵把特罗洛普的军队错当成了自己所期待的援军；另一些人则认为，兰开斯特家族故意用假的旗帜来强化这种错觉；还有人断言，双方本达成了休战协议，理查从城堡里出来参加某种谈判，而背信弃义的敌人却将他引入了埋伏。

无论真相如何，战斗很快就结束了。约克家族损失惨重，但同样地，我们仍然缺乏可靠的统计数据。所有理查的主要支持者，包括他的儿子拉特兰伯爵埃德蒙（Edmund, Earl of Rutland）和索尔兹伯里伯爵，要么在作战中阵亡，要么在战后被迅速处决。约克公爵本人也被斩首，他的头上被戴上纸做的王冠，挂在了约克城的墙上。但是，这并没有结束玫瑰战争。如果后来有什么不同的话，那就是冲突变得更加激烈、更加个人化。理查的家人和朋友决心要报仇。

造王者沃里克

在一个社会动荡、英雄辈出的时代，
理查·内维尔——沃里克第十六世伯爵，
作为英格兰最有权势的人物之一脱颖而出。

作者：乔恩·莱特

理查·内维尔出生于一个非常富裕和拥有强大政治影响力的北方家庭。内维尔家族在北方拥有大量的财产，据说能供养一支10000人的军队，而长子理查与安妮·波尚（Anne Beauchamp）的联姻也极大地扩大了这个家族未来的权力基础：英格兰中部地区、英格兰南部地区和南威尔士都在其掌控之下。

关于内维尔早年的生活细节，几乎找不到什么相关资料，但在1449年他正式成为沃里克伯爵之后，就引人注目地进入了公众视线，后来不断介入英格兰的政治事务。而沃里克在其职业生涯的早期阶段中对国家事务似乎不感兴趣，这或许令人难以置信：他是国王的顾问之一，但他几乎不参加议会会议，如果参加的话，那也是15世纪50年代早期。沃里克及其父亲索尔兹伯里伯爵（老理查·内维尔）及约克公爵理查都对萨默塞特公爵怀有强烈的敌意，这激发了沃里克的政治野心。

内维尔家族的支持对约克的崛起至关重要。尽管沃里克在约克的第一任护国公期间（1454年3月—1455年2月）只扮演了一个次要角色，但是在约克失宠之后，他却成了一个关键人物。1429年，约克公爵娶了沃里克的姑妈塞西莉为妻，这段婚

▶ 造王者沃里克

姻也有助于巩固双方的联盟。

在1455年5月的第一次圣奥尔本斯战役中，内维尔率军突袭了城内的兰开斯特家族军队，并大获全胜。约克的第二任护国公时期虽然时间短暂，但其中一个重要的成就是任命沃里克担任加来的总督。这座城市的商业地位和战略地位都非常重要，并拥有一支规模可观的常备军队，而且未来的几年将证明，把加来作为约克家族的一座堡垒至关重要。

在加来任职时，沃里克明显缺乏外交判断能力，他无视英格兰和外国之间的现有条约和休战协定，经常袭击英吉利海峡的船只，包括西班牙和汉萨同盟（The Hanseatic League，是北欧沿海各商业城市和同业公会为维持自身贸易垄断而结成的经济同盟）的船只。这使得沃里克在各类商业阶层中享有极高的声望，同时也遭到了来自亨利六世政府的同等程度的谴责。

到1459年，约克的理查与亨利之间的矛盾达到了白热化程度。由于害怕有人趁机而入，约克和内维尔家族先发制人，起兵造反。在安德

▼ 15世纪50年代沃里克担任总督期间，加来已成为英格兰最重要的战略和军事领地之一

鲁·特罗洛普的指挥下，大约600名来自加来的士兵加入了这场战斗。这场叛乱开局便是一场灾难，10月在勒德洛附近的路德孚桥以失败告终。约克家族军队逃离了战场，其首领们急忙寻找安全地带；同时，国王也颁布了剥夺叛军头目公权的法令。沃里克也被剥夺了加来的总督职位。1459年到1460年之间的冬天，萨默塞特公爵亨利多次率领军队试图驱逐他，但都没有成功。

如今，约克家族不得不谋划下一步的策略。1460年3月，沃里克和约克在爱尔兰的沃特福德（Waterford）会面。约克似乎决心要把亨利六世赶下台。这一举措在约克家族领导层看来是有争议的，尤其是因为他们更早期行动的主要目的是铲除亨利身边的邪恶顾问，而非取代国王。然而，约克不会被威胁到。他从欧洲大陆发起了一场有效的宣传运动。歌谣（其中有些传到了坎特伯雷）中唱道："和平取消了，上帝的仁慈之手收回了，谎言变得高贵了，真相已被掩盖了。"还颂扬约克、约克之子爱德华"名声将传遍世界"。当然，还有"沃里克伯爵理查，我们防卫的盾牌"。1460年6月，约克家族军队到达三明治镇（Sandwich），许多肯特人都聚集起来一致支持这一事业，并于7月10日在北安普顿赢得了胜利，将国王交到了约克家族手中。

10月中旬，约克直接要求继承王位，但10月25日双方达成了《调解法案》：只要指定约克为王位继承人，则允许亨利六世继续在位。由于法案剥夺了亨利之子爱德华的继承权，这种妥协是徒劳无益的，只是将进一步的冲突推迟了。果不其然，到12月下旬，敌对双方的军队在韦克菲尔德交战，约克和沃里克的兄弟托马斯（Thomas）都在这场战役中丧生。凯旋的兰开斯特家族军队迅速南下，留守伦敦的沃里克出城迎战。1461年2月，在第二次圣奥尔本斯战役中，沃里克遭受了重创，失利原因主要是沃里克经验不足、策略不当。然而，刚刚在莫蒂默十字（Mortimer's Cross）战役中取得胜利的约克之子爱德华率领军队集结到沃里克一边。2月17日，爱德华和沃里克再次开进伦敦。3月，约克之子宣布继承王位，称爱德华四世。

约克家族的头等大事就是复仇。早在3月29日，约克家族就在陶顿完败兰开斯特家族。从某种程度而言，陶顿战役堪称玫瑰战争中最血腥的一场战斗，双方参战将士多达5万名。沃里克可能只受了点儿轻伤，在整场战争中只起了很小的作用。到了11月，在爱德华召开的第一次议会上，议员们大声控诉了兰开斯特家族的罪恶。有人断言：几十年来，这个国家历经"动荡、内战和内乱……无辜的流血牺牲、滥用法律、偏袒暴乱，敲诈勒索、谋杀强奸及堕落不堪的生活"。不下130名兰开斯特家族显贵的姓名被提及和羞辱，而且大多都被剥夺了财产权和公民权。

爱德华非常清楚自己欠沃里克和内维尔家族的情，因此，在统治早期便赐予了沃里克伯爵许多珍贵的奖赏。官职和头衔像雨点般落到他头上，包括英格兰大总管（great chamberlain of England）、五港同盟总管（warden of the Cinque Ports）、多佛城堡统帅（constable of Dover Castle）、英格兰海军上将（admiral of England）和兰开斯特公国主管（steward of the Duchy of Lancaster）。沃里克伯爵还获得了大量房产和地产，包括从诺森伯兰郡的珀西家族处查封的八座庄园、约翰·克利福德的威斯特摩兰庄园（Westmoreland estates），以及位于白金汉郡、伍斯特郡（Worcestershire）和威尔士边界地区（the Welsh Marches）的土地。此时，沃里克年收入至少一万英镑，这一惊人的财富使他成为除了国王以外英格兰最富有的人。

从很多方面来说，给沃里克这么多封赏都是

爱德华非常清楚自己欠沃里克和内维尔家族的情，因此，在统治早期便赐予了沃里克伯爵许多珍贵的奖赏。

▲ 15世纪60年代期间兰开斯特家族和约克家族轮番控制的阿尼克城堡

北方之狮

虽然精确的细节我们仍然不清楚,但是强大的内维尔家族的起源很可能追溯到盎格鲁-撒克逊时期的英格兰。内维尔家族主要生活在达勒姆郡(County Durham),他们十分精明,与被征服的诺曼精英结盟,在动荡时期(如亨利三世统治时的内战期间)及英格兰与法国和苏格兰的反复冲突中,通过效忠英格兰王室而赢得了声誉。例如,1346年,在击败苏格兰人的内维尔十字战役(the Battle of Neville's Cross)中,有个族人便起到了重要的作用。

他们的地产扩张得很快,以雷比城堡为中心,延伸至诺森伯兰郡、坎布里亚郡(Cumbria)、开夏郡及其他地区。高官厚禄也接踵而来,国王任命内维尔家族人为约克大主教、苏格兰边界地区总管,而且从1397年起,内维尔家族就获得了威斯特摩兰伯爵的爵位。到15世纪,他们还获封了索尔兹伯里伯爵和沃里克伯爵两个爵位。

1399年,内维尔家族支持了博林布鲁克(Bolingbroke)的亨利从理查二世手中夺取王位;不过,尽管这一行为使得亨利四世对其宠爱有加,但家族也经历了位于雷比的各旁支和位于米德尔汉姆(Middleham)的主要分支之间的重大分裂。

尽管醉心于介入王室内务,但内维尔家族的许多行为,包括他们在玫瑰战争期间的盟友选择,都是受对他们最大的敌人——珀西家族——的仇恨所主导。

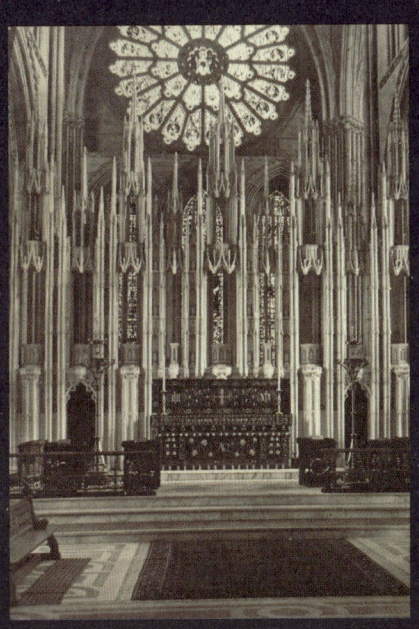

▲ 建于1380年的达勒姆大教堂圣坛后的内维尔石屏,是这个富裕家族馈赠的一份厚礼

▲ 伊丽莎白·伍德维尔与爱德华四世的联姻加剧了沃里克与国王之间的紧张氛围

沃里克也有残忍的一面，从北安普顿战役后他对待兰开斯特家族的态度就可以看出。

值得的。陶顿战役之后，兰开斯特家族的抵抗在英国各地爆发，特别是威尔士、英格兰西南部诸郡以及与沃里克利益关联最大的英格兰北部。在接下来的4年里，一连串令人眼花缭乱的袭击和造反席卷了这一地区，致使阿尼克（Alnwick）和丹斯顿堡（Dunstanburgh）这样的城堡经常在约克家族和兰开斯特家族之间易手。作为苏格兰边境东部边界地区和西部边界地区的总管，沃里克及其兄弟蒙塔古爵爷约翰·内维尔在阻止兰开斯特家族造反方面发挥了重要作用，他们或是通过军事手段或是采取遏制的方式阻止苏格兰人支持亨利和安茹的玛格丽特。这一进程

▲ 在以沃里克的胜利而告终的北安普顿战役中，约克家族军队派遣了舒兹伯利伯爵约翰·塔尔博特

终于在1464年5月以兰开斯特家族在赫克瑟姆（Hexham）的失败而完成。内维尔家族不遗余力地消灭了敌人的残余首领，分别在纽卡斯尔（Newcastle）、内维尔家族军队要塞米德尔汉姆城堡（Middleham Castle）及约克城对他们执行了死刑。

许多历史学家都曾强调爱德华在位初期沃里克的重要地位。沃里克的同代人有时也持这一观点。一位法国评论员曾开玩笑说，英格兰人"只有两位统治者……沃里克伯爵和另一个人，但我记不得他的名字了"。对于这另一位统治者——国王爱德华，编年史家菲利普·德·康米尼（Philippe de Commines）不屑地称其为"一位非常年轻的君王，也是其所处年代中最漂亮的王子之一"，沉迷于"骄奢淫逸的生活"。德·康米尼进一步解释说："只要克服了所有困难，他就开始沉溺于享乐之中。除了女人、歌舞、娱乐，他一概提不起兴趣。毫无疑问，"沃里克伯爵才是爱德华登上王位的推手"。尽管有这么些说法，我们仍需谨慎地看待以上观点。这种关于沃里克和爱德华之间关系的看法在欧洲大陆最具吸引力,因为沃里克因其广泛的外交冒险精神而显得特别有影响力。其实,爱德华不应该被笑侃为傀儡。夺取王位是他和沃里克的共同决定,而且他对政府事务的参与一直始终如一和具有影响力。事实上,爱德华独立决策的能力再明显不过了。

1464年5月,国王与伊丽莎白·伍德维尔结婚。这场婚姻保密了几个月,尤其是因为爱德华预料到他的顾问团对此可能做出什么反应。伊丽莎白的社会地位虽然从整体上来看很高,但并不符合王室新娘的要求。9月,爱德华最终对外透露了结婚的消息,至少有一位勃艮第的编年史家说,议员们毫不掩饰自己的担忧,告诉国王:不管伊丽莎白有多善良、多漂亮,都根本不配他;他必须很清楚,伊丽莎白不是像他这样的君王应该娶的妻子。沃里克的观点很容易推测。早在1460年与伊丽莎白的父亲起争执时,沃里克就声称里弗斯伯爵(Earl Rivers)的"父亲不过是一名乡绅",他"不该拥有贵族的话语权"。

同样重要的是,爱德华与伍德维尔的联姻消除了一种明显更有利的与外国联姻的可能性。这正是沃里克与法国人一直在努力的方向,因此爱德华的举动令沃里克显得很愚蠢。令沃里克愤怒的事可能还在于:爱德华没有与他商量这样一个重大决定。即便如此,沃里克一开始并没有表现出明显的失望,甚至还于1464年陪这位新王后在迈克尔马斯(Michaelmas)的雷丁修道院(Reading Abbey)首次公开露面。但是,分歧很快就开始显现。

▲ 一块标志着陶顿战役遗址的石十字架。陶顿战役为爱德华四世赢得了王位

沃里克对爱德华外交政策的方向越来越恼火,因为国王倾向于与勃艮第人建立更紧密的外交关系,而沃里克则想与法国人建交。在接下来的几年里,王后的家族成员在宫廷中的影响力日益增强,让沃里克越来越孤立,而且与伊丽莎白家族女性成员通婚的事情似乎永无止境,破坏了沃里克自己的家族计划。由于伍德维尔家族吸引的求婚者越来越多,沃里克越来越难以为自己的女儿们找到合适的攀亲对象。1467年6月,沃里克兄弟的财政大臣职位被解除,这加大了他与王室的疏远。不过,他还完全没有想要彻底背叛,而且直到叛乱之时,他仍是一位有影响力的人物(本书稍后将介绍这一事件)。但是,背叛的种子早已从15世纪60年代中期就开始播种,而这些种子在下一阶段的玫瑰战争中将产生不可思议的后果。

综合所有这些及沃里克的职业生涯,也许我们最好将他视为一个极具天赋却顽固不化的机会主义者。从15世纪50年代开始,他决定和约克家族结盟,这与其家族传统背道而驰,他的野心和贪婪程度令人震惊。正如一位当代人所评论的那样,沃里克"满脑子贪得无厌,永远不满足,但是在他面前,英格兰还没有人能拥有他的一半财产"。他的军事实力也可能被高估了。在加来任职期间,他在英吉利海峡的行为令人印象深刻,但在陆地上他却根本不是什么战略天才。他在第一次圣奥尔本斯战役的军事行动很可能是由一些经验更丰富的军师设计的。

沃里克也有残忍的一面,从北安普顿战役后他对待兰开斯特家族的态度及15世纪60年代他镇压英格兰北部反抗的军事活动中就可以看出。

但是，对有些人来说，他一直是位勇士：编年史家爱德华·霍尔（Edward Hall）曾写道，沃里克有一次在战场上杀死了自己的马，以表明自己无意当逃兵。他也有着无限的自我宣传天赋，因此，都铎王朝作家波利多尔·弗吉尔（Polydore Vergil）曾下结论说，沃里克"不仅才华横溢、品德高尚，而且从小就天赋禀异，在战争和其他表现中也是如此"，他"机智敏捷，举止谦恭有礼，深受人们爱戴"。

沃里克的牧师约翰·劳斯（John Rous）毫无疑问也会认可这种观点，他将沃里克描述为"一位著名的骑士，在基督教世界的大部分地区都受到广泛的赞誉"。对于如何评价沃里克，取决于你问的是谁，或许历史学家迈克尔·希克斯（Michael Hicks）细致入微的判断更可靠。希克斯写道，沃里克"的确卓越非凡，值得钦佩"，但"我们不必喜欢他"。

◀ 如《劳斯画卷》（*Rous Roll*）里描绘的那样，年轻的沃里克身着沉重的戎装

约克家族统治时期

- 60　1461—1484年的关键人物
- 62　战争与杀戮
- 64　陶顿战役的胜利
- 78　白王后的黑魔法
- 90　约克家族统治时期的宫廷
- 96　撤退与复仇
- 104　叛徒之死
- 114　王冠争夺战
- 122　击溃敌人
- 132　伦敦塔里的谋杀
- 145　英格兰迷茫的国王——理查三世
- 160　都铎王朝的黎明

1461—1484年的关键人物

约克家族野心勃勃，拥有雄厚的军事实力和政治天赋，他们对英格兰王位的要求引发了历史上著名的内战之一，但哪些人在1461年至1484年的战争中发挥了关键作用呢？

爱德华四世

- **所属联盟**：约克家族
- **寿命**：41
- **政治实力**：7/10
- **军事实力**：9/10

格洛斯特的理查
（Richard of Gloucester）

- **所属联盟**：约克家族
- **寿命**：33
- **政治实力**：8/10
- **军事实力**：7/10

理查·内维尔

- **所属联盟**：约克家族和兰开斯特家族
- **寿命**：43
- **政治实力**：10/10
- **军事实力**：6/10

所属联盟：作为理查·金雀花幸存的长子，爱德华继承了其父的王朝斗争并要求王位。

寿命：爱德华生于1442年，死于1483年，原因不详，据推测是自然死亡。

政治实力：爱德华的魅力和出了名的俊美外貌为他的受喜爱程度加了分。尽管人们都知道他非常简单天真，但他还是设法维持了一段时间的和平。

军事实力：爱德华从未战败过，一次又一次打败了自己的对手兰开斯特家族。然而，他也清楚何时该逃离，何时该讲和。

简介：爱德华在陶顿战役中击败了兰开斯特家族，迫使国王亨利六世流落异乡，并确保自己获得了王位。后来，兰开斯特家族不断对王位提出挑战，但爱德华都成功镇压了。爱德华的婚姻激怒了沃里克伯爵，因此不得不短暂流亡，不过他后来又重新登上王位，并带来一段和平与繁荣的统治时期。

所属联盟：理查出生于约克公爵理查家族，是第一位约克家族国王爱德华四世的兄弟。

寿命：理查生于1452年，1485年在博斯沃思战役中阵亡，是最后一位战死沙场的英格兰国王。

政治实力：理查精明机智，而正是这种精明让他能应付自己的对手并让自己成功登上王位。

军事实力：理查很有军事才干，但他却在自己担任军队指挥官的博斯沃思战役中丧生。

简介：兄长死后，理查成为爱德华五世的护国公。然而，爱德华的儿子们被宣布为非婚生子后，理查便被加冕为国王。后来，这两位王子失踪了。直到今天，人们仍怀疑是理查杀害了他们。在理查短暂的统治期间，他还面临着亨利·都铎领导的叛乱。

所属联盟：沃里克公爵一开始与爱德华四世结盟以除掉亨利六世，但在爱德华四世与伊丽莎白·伍德维尔联姻之后便倒戈阵营。

寿命：沃里克生于1428年，1471年在巴尼特战役中试图逃命时被杀。

政治实力：沃里克很有影响力，他的政治关系包括欧洲最有权势之人。他的情感感召力征服了曾与他为敌的人。

军事实力：作为一名海军指挥官，沃里克享有很高的声誉，但在战场上他一直依靠传统的战略，最终被人以计谋挫败。

简介：他有充分的理由被称为造王者。他原本支持亨利六世，后来的一场领地争端促使他改变了立场。沃里克帮助爱德华四世登上了王位，但这次合作并没有持续很久。沃里克起兵造反，他重新为兰开斯特家族而战，帮助亨利六世短暂地夺回王位。

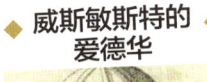

威斯敏斯特的爱德华

所属联盟：	兰开斯特家族
寿命：	18
政治实力：	2/10
军事实力：	4/10

所属联盟：爱德华是兰开斯特家族亨利六世国王的独子，也是王位的唯一继承人。

寿命：爱德华生于1453年，1471年死于图克斯伯里战役，他是唯一一位战死沙场的法定王位继承人。

政治实力：爱德华死了，但他从母亲那儿学到了很多，且天性残忍。

军事实力：爱德华一生大多数时间都在流亡之中，因此没有很多作战经历。他表现过一些军事才能，但由于英年早逝，也从未将这种才能付诸实践。

简介：爱德华生来便是亨利六世唯一的继承人，但当他还是个7岁小男孩时，他的父亲就被俘。因此，爱德华失去了王位继承权。于是，爱德华和他的母亲安茹的玛格丽特，一起流亡于法国。爱德华四世被赶下台后，这位头脑发热的王子返回英格兰，并阻止爱德华四世在图克斯伯里战役中重新要求王位，但他失败了。

约克的玛格丽特

所属联盟：	约克家族
寿命：	57
政治实力：	9/10
军事实力：	6/10

所属联盟：玛格丽特是理查·金雀花的女儿，是约克家族两位国王的姐妹：爱德华四世的妹妹和理查三世的姐姐。

寿命：她生于1446年，死于1503年。

政治实力：玛格丽特是位聪慧机智的女性，远远地审视着一系列事件的进展并利用其权威影响事件的发展，最终成为勃艮第的一位优秀的统治者。

军事实力：玛格丽特从未参加过战役，但她很擅长为自己的丈夫筹集资金和人力去作战。

简介：不同寻常的是，玛格丽特直到22岁才结婚，这主要是因为她是约克家族一个强有力的谈判筹码。她最终与大胆查理（Charles the Bold）结婚，为爱德华四世对抗沃里克提供了有力的支持。

卢森堡的杰奎达

所属联盟：	兰开斯特家族和约克家族
寿命：	约55—57
政治实力：	9/10
军事实力：	1/10

白金汉公爵亨利·斯塔福德

所属联盟：	约克家族和都铎家族
寿命：	29
政治实力：	6/10
军事实力：	3/10

克拉伦斯公爵乔治

所属联盟：	约克家族和兰开斯特家族
寿命：	29
政治实力：	2/10
军事实力：	4/10

所属联盟：最初嫁给亨利五世国王的兄弟时，杰奎达还坚定地站在兰开斯特家族一边。然而，兰开斯特家族战败后，她便转而支持约克家族。

寿命：她生于1415年，1472年自然死亡。

政治实力：杰奎达年轻时有过一些鲁莽的举动，但她很聪明，知道何时该改变立场。她的家族是英格兰王室中最有实力的家族之一。

军事实力：作为女性，杰奎达自己从未见过军事行动，她更喜欢在宫廷中当幕后指挥。

简介：杰奎达一开始嫁给了亨利五世的弟弟，但亨利五世死后，她便改嫁给小乡绅理查·伍德维尔（Richard Woodville）。她的再嫁令亨利六世大为不满，便要求这对夫妇在回到王宫之前交一笔罚款。眼看兰开斯特家族即将败北，杰奎达便改变了立场，并把她的女儿嫁给了爱德华四世。爱德华被流放之后，有人指控她为女巫；直到爱德华四世重新夺回王位，这一指控才被解除。

所属联盟：白金汉公爵是爱德华四世的监护人，他娶了凯瑟琳·伍德维尔（Catherine Woodville），后来还以亨利·都铎（Henry Tudor）的名义起兵造理查三世的反。

寿命：亨利生于1454年，死于1483年。他因叛国罪而被斩首。

政治实力：造反之前，白金汉公爵曾是理查最忠实的支持者。许多编年史家认为，正是他的演讲和政治策略为理查赢得了支持。

军事实力：他在叛乱期间召集了一支相当强大的军队，但很快都被理查击败。

简介：早年间，白金汉公爵属于约克家族的联盟。他是理查三世最密的盟友，坚定地支持理查三世。然而，不知何原因，1483年，他加入了反抗理查的队伍。尽管这起造反是一场灾难，但它确实让许多人都向亨利·都铎的阵营倒戈。

所属联盟：克拉伦斯与爱德华四世和理查三世是兄弟。他曾短暂地转变立场支持兰开斯特家族。

寿命：生于1449年，1478年因叛国罪在伦敦塔被处以死刑。

政治实力：他很容易受人摆布，太容易轻信别人。他曾两次因判断失误而暗中算计兄长，最终导致自己的垮台。

军事实力：克拉伦斯曾在巴尼特战役和图克斯伯里战役与自己的兄长并肩作战，用实力证明了自己在战场上是个不可小觑的对手。

简介：爱德华四世一登上王位就任命克拉伦斯为爱尔兰总督。但他很快受到沃里克公爵的影响，支持他造自己兄长的反，并帮助亨利六世夺回王位。最终，克拉伦斯还是与兄长和解了。然而，江山易改，本性难移。他再一次策划了造他兄长的反，导致最终因叛国罪被处以死刑。

战争与杀戮

1461—1484

爱德华四世以绝对的胜利战胜了兰开斯特家族之后，玫瑰战争中的一系列战役都在约克家族的统治之下展开

作者：威廉·威尔士

莫蒂默十字战役
1461年2月2日
约克家族胜利

马奇伯爵爱德华在赫里福德郡拦截了一支兰开斯特家族军队，这支军队准备向伦敦进军，解救被俘的国王亨利六世。贝德福德公爵贾斯伯·都铎、威尔特伯爵詹姆斯·巴特勒（James Butler）和贝德福德的父亲欧文·都铎（Owen Tudor）各率领了一支兰开斯特家族军队。尽管威尔特公爵的雇佣兵击溃了约克家族的左翼部队，但爱德华和威廉·赫伯特领导的约克家族军队也击溃了彭布罗克（Pembroke）的威尔士部队。意识到约克家族即将胜利，兰开斯特家族军队的士兵纷纷逃命，离开了战场。

第二次圣奥尔本斯战役
1461年2月17日
兰开斯特家族胜利

玛格丽特王后的兰开斯特家族军队，由萨默塞特第三公爵亨利·博福特率领，在圣奥尔本斯袭击了沃里克公爵理查·内维尔带领的约克家族军队。沃里克本已建立了强大的防御阵地，布满弓箭手、手枪手和炮兵，但恶劣的天气使枪火熄灭，弓箭也不起作用。因此，兰开斯特家族军队成功地攻破了对方的防御工事，席卷了沃里克的左翼部队，解救了亨利六世。

艾治考特摩尔战役
1496年7月26日
叛军约克家族
（后来归属兰开斯特家族）

由雷德斯代尔（Redesdale）的罗宾率领的约克家族叛军在牛津遇到了彭布罗克伯爵威廉·赫伯特和德文郡第一伯爵汉弗莱·斯塔福德（Humphrey Stafford, 1st Earl of Devon）率领的约克家族皇家军队。上午的战斗之后，彭布罗克的威尔士步兵遭到雷德斯代尔的重创。德文郡伯爵和他的弓箭手们在另一个地方扎营，没能增援彭布罗克。当沃里克伯爵的先头部队到达时，增援的叛军已经彻底击溃了彭布罗克的军队。

费里布里奇战役
（Ferrybridge）
1461年3月27日—28日
约克家族胜利

马奇伯爵爱德华在与北方兰开斯特家族重新集结的军队开火前，一直在约克郡等待援兵。3月27日，沃里克公爵理查·内维尔在亚耳河（River Aire）北岸搭建了一座桥头堡，以便约克家族军队与爱德华汇合。第二天早上，兰开斯特勋爵约翰·克利福德和约翰·内维尔（John Neville）将约克家族军队击退至河对岸。当天稍晚一些，约克家族军队派弓箭手越过上游，包围了兰开斯特家族军队，杀死了克利福德勋爵。

鲁斯考特原野战役
（Losecote Field）
1470年3月12日
约克家族胜利

罗伯特·威尔斯（Robert Welles）率领的叛军计划与叛国者沃里克伯爵和克拉伦斯公爵乔治·金雀花在莱斯特会师，但在最后一刻，他们丧失了信心。英王爱德华四世在埃平厄姆（Empingham）附近提早逃了叛军。叛乱们列队齐声喊道："沃里克！克拉伦斯！"但他们无法抵挡皇家军队的冲锋。面对猛攻，叛军四下溃散，各自逃命，扔下了印有沃里克和克拉伦斯军队徽章的上衣。

陶顿战役
1461年3月29日
约克家族胜利

约克家族军队弓箭手万箭齐发，令兰开斯特家族军队猝不及防，只能仓促应战。经过6个小时激烈的战斗，诺福克第三公爵约翰·德·莫布雷（3rd Duke of Norfolk, John de Mowbray）率领约克家族援军抵达。他的军队击溃了萨默塞特公爵率领的兰开斯特家族军队的左翼。兰开斯特家族军队逃到泛滥的科克河（River Cock），结果在草地遭到约克家族的骑兵追击，伤亡很大。随后，爱德华四世于6月28日在伦敦加冕，登上王位。

巴尼特战役
1471年4月14日
约克家族胜利

沃里克伯爵理查·内维尔率领的兰开斯特家族军队南下向伦敦进军时，国王爱德华四世拦截了这位前盟友。在最初的战斗中，双方的右翼都成功地战胜了对方的左翼。兰开斯特右翼重新集结，重返战场，但在大雾中，他们不慎袭击了自己军队的中心。爱德华利用了这种混乱局面，并派上了预备部队。最终，约克家族军队把兰开斯特家族士兵彻底赶出战场，而沃里克在之后的战斗中被杀。

海哲力摩尔战役
1464年4月25日
约克家族胜利

蒙塔古勋爵约翰·内维尔率领约克家族军队进入诺森伯兰郡，以肃清英格兰东北部萨默塞特第三公爵亨利·博福特率领的兰开斯特家族军队。一场僵持不下的射箭决斗之后，兰开斯特家族的左翼在双方交战之前便逃离了战场。蒙塔古的军队随后扑向兰开斯特家族的残兵。由于寡不敌众，剩下的兰开斯特家族士兵大部分都逃走了。然而，拉尔夫·珀西爵士的部队仍坚守阵地，最后遭到屠杀。

赫克瑟姆战役
1464年5月15日
约克家族胜利

兰开斯特家族酝酿着造反，不断在北方构成巨大的威胁。蒙塔古勋爵约翰·内维尔发动了一场奇袭，攻击了他们在泰恩河（River Tyne）支流魔鬼之水（Devil's Water）附近的营地。萨默塞特第三公爵亨利·博福特背对着魔鬼之水，匆忙地将他的下级部队部署在一片旷野中。约克家族发起一次下山冲锋，粉碎了兰开斯特家族军队的防线，将兰开斯特家族将士赶入河中。萨默塞特公爵在一个谷仓被捕，并在同一天被砍下头颅。

图克斯伯里战役
1471年5月4日
约克家族胜利

玛格丽特王后的兰开斯特家族军队，由萨默塞特第四公爵埃德蒙·博福特率领，在格洛斯特郡被爱德华四世的约克皇家军队追到。兰开斯特家族军队突袭了约克家族军队的左翼，但格洛斯特公爵理查·金雀花成功地挡住了对方的进攻。用箭和枪弹削弱了敌人的防线之后，爱德华发起进攻并击溃了兰开斯特家族军队。萨默塞特被处决，玛格丽特王后被流放，亨利六世则被囚禁于伦敦塔之中。

陶顿战役的胜利

兰开斯特家族军队在陶顿战役中是如何被年轻有为的国王用暴力镇压的?

作者:德里克·威尔逊(Derek Wilson)

1461年3月29日,英格兰政治舞台上上演了令人印象深刻的一幕。英格兰的新国王,一位还不到19岁的高大年轻男子(几乎有两米高),率领一支军队穿过白雪覆盖的约克郡高地,推翻了前任国王。他即将赢得这场在英格兰土地上进行的最血腥的战斗,这场胜利将使他脱颖而出,成为这个国家所需要的坚强威武、极具魅力的领导人。几乎就在22年后的这天,国王因自我放纵而身体虚弱、过于肥胖,最终去世,年仅41岁。如果我们要对这种变化做出解释的话,就只有一个词:激情。爱德华四世不仅身材魁梧,而且在各方面都"高大"——他性格外向、慷慨热情,充分享受生活的乐趣。他绝非无能之辈,给经历了多年混乱的英格兰带来了和平与稳定。尽管如此,他还是有缺点的,他的激情可能会蒙蔽自己的判断力。如果理智和情感发生冲突,他的情感总是占上风。这使他在战场上是一位魅力非凡的领袖,但最终也几乎会毁掉自己所获得的一切。

爱德华在陶顿战役的登场生动地展现了他的性格。作为一个被悬赏的人、一个反对亨利六世的叛乱者,他来到了

▲ 一幅15世纪爱德华四世画像的复制品

战场，那时人们只能称他为马奇伯爵。带着为父复仇和夺取王位的决心，他来到了陶顿。在这冰天雪地的战场上，所有人，包括朋友和敌人，都在问同一个问题："在这第一次力量的较量中，年轻的爱德华将如何表现？"

英格兰的问题根源在于亨利六世软弱无能的统治，他优柔寡断且精神不稳定，权力一直由王后安茹的玛格丽特和一小群兰开斯特家族的贵族掌控。在过去的40年里，英格兰人目睹了他们在欧洲的地位逐渐丧失。他们几乎失去了所有早期英格兰国王统治的大陆领土，对法国王位的要求也遭到了有力的挑战。内乱又添外辱。是

约克公爵理查迎接挑战，把国家从这个无效的政权中拯救了出来。1454年，国会任命他为国王的监护人与护国公。玛格丽特决心阻止理查的野心，于是，在接下来的几年里，幸运便在兰开斯特家族和约克家族之间摇摆不定。玫瑰战争已经开始。1460年7月，理查在北安普顿这场决定性战役中击败了玛格丽特的军队，俘虏了国王并把他体面地囚禁于伦敦塔内。他利用这一有利条件与反对派达成了一项协议：如果亨利死后由他继承王位，那他就支持国王。但玛格丽特有一个尚在襁褓之中的儿子，她表示坚决不放弃她儿子与生俱来的王位继承权。她主要在英格兰北部继续策划和反对护国公。

到1460年12月初，在首都已经很稳定的理查意识到自己必须向北进军，解除兰开斯特家族的威胁。于是，他派遣长子马奇伯爵爱德华前往威尔士边境去铲除那里零星的抵抗势力，而自己则与次子拉特兰伯爵（Earl of Rutland）埃德蒙赶往约克郡去对阵兰开斯特家族军队的主力。他将军队总指挥部设在韦克菲尔德附近的桑德尔城堡。不幸的是，他低估了占有主场优势的敌军规模，而且在随后的战斗中，他和埃德蒙二人一个在战斗中阵亡，另一个则被俘并被处决。他们的头颅被挂在约克郡的米克盖特门杠（Micklegate Bar）上，理查的头上还戴着纸王冠。

我们几乎无法想象爱德华听到这个消息时的感受，但他一如既往，没有坐以待毙。最先感受

到他愤怒的兰开斯特家族军队是欧文·都铎率领的威尔士和法国雇佣兵。1461年2月2日，爱德华在莱姆斯特（Leominster）附近的莫蒂默十字车站与他们相遇。战斗前，约克家族军队看到了罕见的气象幻日（parhelion），天空似乎同时出现了三个太阳，士兵们对此既感到震惊，又感到害怕。爱德华利用了这一现象并把它转化为自己的优势，他告诉自己的将士：幻日现象代表着神圣的三位一体（Holy Trinity），表示上帝对他复仇大业的支持。从那时起，爱德华便开始将"光芒四射的太阳"作为自己的个人纹章。他和手下击溃了敌人，然后出发开往伦敦。

与此同时，玛格丽特王后一直在争取苏格兰的支持，她率领着一群苏格兰和英格兰的支持者向南进发。他们沿途到处恐吓百姓。他们在第二次圣奥尔本斯战役中扭转局势，赢得了胜利，同时救出了亨利六世。然而，玛格丽特到达伦敦时，却发现城门都紧锁着，不让她进去。伦敦市民们害怕她和她的军队会破坏首都，而且他们收到了爱德华的口信，说爱德华正在赶来援助他们。2月26日，爱德华抵达首都，受到了热烈的欢迎。这场面对于爱德华继承王位再有利不过了。3月3日，他召集了一个由主要权贵和国会议员组成的议事会，宣称由于亨利违反了最近达成的协议而丧失了王位权利，他要求合法继承王位。次日，他便去了威斯敏斯特大厅，坐上了王位的宝座，被热烈地拥戴为爱德华四世。尽管兰开斯特国王在首都并非无人支持，但大多数人都认可这位19岁身强体壮、人高马大的年轻人，因为他看起来才像一位真正的国王，因此，大家都热烈地拥戴他。此时，只剩玛格丽特和她的余党这件小事要处理了。

这位新国王马不停蹄地北上，希望这将是最后的决战。他很清楚他将在兰开斯特家族的地盘上与他们作战。唯一可靠的策略就是在兰开斯特家族军队集结所有力量之前速战速决。

到3月13日，他已离开了首都，派遣了沃里克率领部分军队为先头部队，这支部队包括感激不尽的伦敦人给他提供的一支特遣队。玛格丽特和她的丈夫居住在约克郡，她调遣了由萨默塞特公爵、诺森伯兰伯爵和克利福德勋爵领导的军队迎战约克家族军队。他们占优势的军队列队出发，越过塔德卡斯特（Tadcaster）的沃夫河（River Wharfe），目的是引诱约克家族军队在远处空旷的高地上作战。他们在大北路（The Great North Road）穿过亚耳河的费里布里奇埋伏了一支特遣队，以阻止敌人前进。

爱德华率领大部队从伦敦出发，沿大路而上，在庞特弗拉克（Pontefract）停了下来，并派了一支部队去攻占费里布里奇。战况十分激烈，双方互有胜负：一开始，兰开斯特家族军队战败；然后，兰开斯特家族军队又夺回这一战略要地。爱德华派经验丰富的福康伯格勋爵威廉·奈维尔（Lord Fauconberg）率领一支军队，从卡斯特福德（Castleford）高地越过亚耳河，从后方攻破费里布里奇的守军，迫使他们后撤，重新与兰开斯特军队主力会合，最终挫败了兰开斯特家族的埋伏。在这次行动中，克利福德勋爵被杀。因此，3月28日，双方都朝着命运为他们安排的终点前进。

第二天是棕枝主日（Palm Sunday），这一天，基督徒会想起耶稣骑着驴进入耶路撒冷，

这一场面对于爱德华继承王位再有利不过了，于是他抓住了这一良机。

但在1461年的那个神圣的日子里，敌对的英格兰军队在结冰的犁沟上行军，而他们的到来一点儿也不"温和"。如果我们想了解这些同胞是如何将人道和同情抛诸脑后，彼此陷入疯狂的仇恨之中的，或许我们可以想一想当下的叙利亚事件。正如人们经常观察到的那样，几乎没有战争会比内战更激烈。

在萨默塞特公爵和诺森伯兰伯爵的率领下，兰开斯特家族军队显然占优势。他们的人数更多，而且战场是由他们选择的。五个半世纪后，想要计算出双方的参战人数是不可能的。据当时的少量文献记载，双方兵力共5万多人，其中一半以上在战斗中阵亡。历史学家对这些数据存疑。然而，毫无疑问，这次战役是英格兰有史以来最大的武装冲突。

爱德华在军队未到齐之前就被迫匆忙加入了战斗。他还在等待诺福克公爵率领的分遣队的到来。此次战场位于陶顿以南的一片平地，靠近大北路。它东临沼泽地带，西临树木繁茂的斜坡，一直陡峭地延伸至科克贝克河，这是一条正在泛滥的水道。这些分界线意味着任何士兵都将难以试图逃离该地区。

兰开斯特家族唯一无法控制的因素是天气。在一个寒冷刺骨的早晨，天刚破晓，就开始下雪了。占据了自己的防御工事之后，兰开斯特家族军队穿过阵阵小雪，竭力辨认出爬上南坡到达高原的爱德华军队。使守军处境倍加困难的是，刺骨的寒风从南方刮来，吹到他们的脸上。这也缩短了他们弓箭手的射程，同时还使对方弓箭手的箭射远了好几米。关于战斗的细节很少，但我们知道双方的弓箭手都开始了进攻。他们用冻僵的手指拉开弓弦，一箭一箭地向敌人射去。他们的目标是消耗对手的兵力，为接下来双方之间的肉搏战做好准备。福康伯格勋爵（Lord Fauconberg）很快就察觉到天气所带来的优势。他命令弓箭手射箭时上前走几步，然后后撤。约克家族军队的箭雨点般地从眼花缭乱的雪中射出去，这给兰开斯特家族军队带来了毁灭性的后果。兰开斯特家族军队的反击不是没有击中目标，就是没有造成多大破坏。有好几次，国王爱德华的军队能够反复发起这种射击行为，甚至还能够捡起兰开斯特家族射落在地面上的乱箭来补充自己的箭。最近人们在战场遗址有一个有趣的考古发现，即出现了一些枪击痕迹。是否在陶顿战役中，英格兰人首次使用了军用手枪呢？

还没有与敌人交战就蒙受了重大的损失，迫使萨默塞特开始了下一阶段的行动。根据当时的一位编年史家让·德·沃夫林（Jean de Wavrin）的记载，兰开斯特家族军队的指挥官派了一支分队穿过战场西侧的树林去攻击约克家族军队的左翼。如果这种情况真的发生了（有些历史学家对此深表怀疑），那么这可能只是一种牵制战术。沃夫林描述说，当时约克家族军队的左翼正处于混乱之中，直到爱德华亲自骑马到他们中间，给他们助威呐喊，鼓舞士气。当然，这一战术并没有影响到战斗的总体趋势。兰开斯特家族军队被迫离开了自己的防御阵地。萨默塞特和诺森伯兰公爵派骑兵穿过开阔地带，但满地的箭矢或多或少地妨碍了他们前进的步伐。爱德华的军队顶住了对方的冲锋，而兰开斯特家族的步兵则紧追其后。

激烈的战斗开始了。战士们开始短兵相接，用剑、戟刺向对方。这是一场消耗战。身披铠甲的士兵磕磕绊绊地从尸体和伤兵身上越过，互相扭打在一起。战斗持续了一个又一个小时，将士们精疲力竭。胜利或失败成了耐力的问题，而耐力很大程度上取决于军队人数。兰开斯特军队能够从其预备队中召集新兵来填补空缺。爱德华策马来回奔驰，鼓励追随者，同时阻止试图逃离战场的人。然而，他的左翼军队被逼至高原的边缘

▲《英格兰古代史》(Anciennes Chroniques D'Angleterre)中的插图,亨利六世加冕为法国国王

▲ 福康伯格勋爵在陶顿战役中指挥士兵作战。福康伯格最初与兰开斯特家族结盟，但在亨利六世第二次发病之后，转而效忠约克家族

和通往科克贝克河的陡坡。

最后，诺福克公爵率领五千名援兵从伦敦大道赶来。援兵的到来及其对约克家族军队士气的影响扭转了近乎战败的局面。由于两面受敌，兰开斯特家族军队动摇了，溃散了。他们先是三三两两，然后是二三十人，纷纷扔掉笨重的武器，逃离了战场，有的朝着陶顿的方向逃，有的沿着有点儿滑的斜坡向下朝小河方向逃去。他们的敌人紧追不舍，而且由于他们穿着笨重的铠甲，所以很快就被敌军赶上并一举歼灭。同样的，铠甲也压垮了那些试图过河的人。这些逃兵磕磕绊绊地跑着，掉进了水里，结果只能把自己绝望的战友当作抵达对岸的桥梁。很快，科克贝克河就被死者的鲜血染红，血腥不堪。那些向北跑的士兵下场也好不到哪里去。他们不得不向塔德卡斯特逃跑，因为那里是约克横跨沃夫河的必经之路。萨默塞特到达后，下令摧毁这座桥，以阻止追击的约克家族军队到达亨利和玛格丽特的栖身之地，而这也使得自己的许多士兵无法渡河，被困在河的另一边，于是那里变成了另一个杀戮场。

陶顿战役持续了多长时间，有多少人丧生，这些问题仍有很多争议。根据英格兰遗产委员会

他们用冻僵的手指拉开弓弦，一箭一箭地向敌人射去。

陶顿战役

1461年3月29日

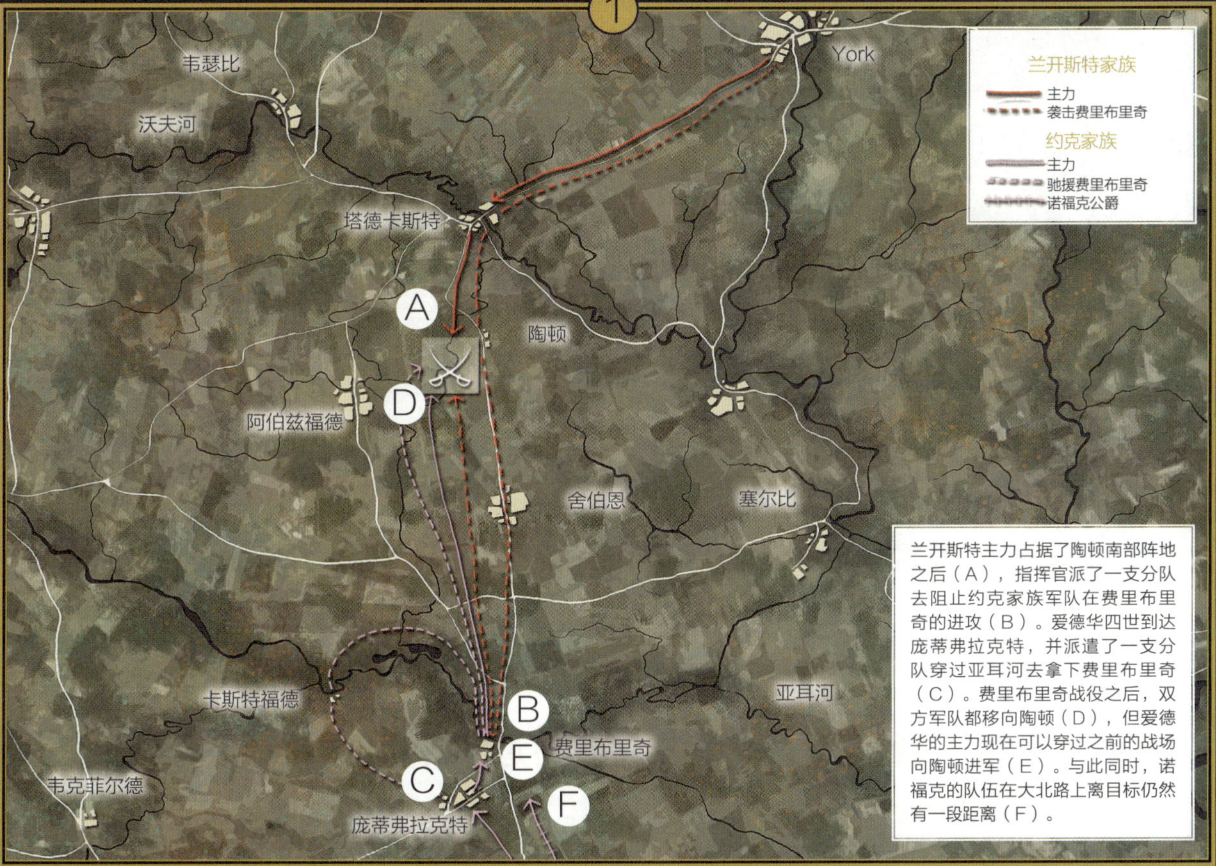

1
韦瑟比
沃夫河
York
塔德卡斯特
陶顿
阿伯兹福德
舍伯恩
塞尔比
卡斯特福德
亚耳河
费里布里奇
韦克菲尔德
庞蒂弗拉克特
A
B
C
D
E
F
兰开斯特家族
主力
袭击费里布里奇
约克家族
主力
驰援费里布里奇
诺福克公爵

兰开斯特主力占据了陶顿南部阵地之后（A），指挥官派了一支分队去阻止约克家族军队在费里布里奇的进攻（B）。爱德华四世到达庞蒂弗拉克特，并派遣了一支分队穿过亚耳河去拿下费里布里奇（C）。费里布里奇战役之后，双方军队都移向陶顿（D），但爱德华的主力现在可以穿过之前的战场向陶顿进军（E）。与此同时，诺福克的队伍在大北路上离目标仍然有一段距离（F）。

2

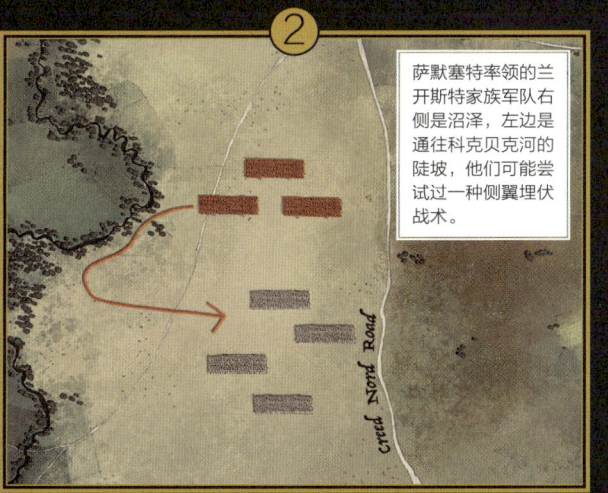

萨默塞特率领的兰开斯特家族军队右侧是沼泽，左边是通往科克贝克河的陡坡，他们可能尝试过一种侧翼埋伏战术。

3
Cock Beck

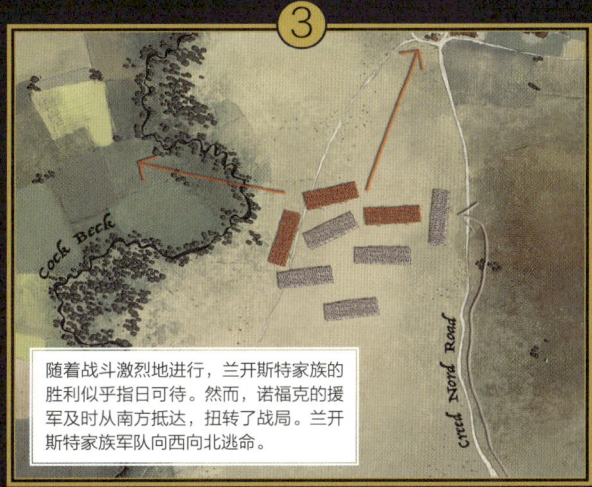

随着战斗激烈地进行，兰开斯特家族的胜利似乎指日可待。然而，诺福克的援军及时从南方抵达，扭转了战局。兰开斯特家族军队向西向北逃命。

▲ 陶顿战役发生的那片草地

爱德华策马来回奔驰，鼓励追随者，同时阻止试图逃离战场的人。

（English Heritage）的研究，战斗实际持续了三个小时。如果将约克家族军队的追击包括在内，那么这场屠杀的持续时间会更久，也许一直到傍晚。只有在黑暗中，幸存者才有可以逃离陶顿战场的机会。15世纪的编年史家将死亡人数确定在2.8万到3.8万之间，但这更可能反映的是作家们的恐惧，而不是细心的分析。但不可否认的是，陶顿战场见证了英格兰中世纪最残忍的一次战争。沃夫河和科克贝克河流淌着鲜血，往北的逃跑路线是一条大约10千米长、800米宽的过道，上面尸体遍布。

最近，人们挖掘出了一个集体墓穴，揭示了兰开斯特士兵是被多么残忍地杀害。他们的头和四肢被残忍地、暴力地砍了下来。这些受害者是被敌军用兽性般的野蛮行为杀死的。

是什么让约克家族取得了胜利呢？那一定是由于久经沙场的沃里克伯爵、诺福克公爵和福康伯格勋爵等人的坚强领导。援军的及时到达也至关重要。还有另一个因素，那就是爱德华四世亲临战场，这大大地鼓舞了士兵们的士气。这是一位年轻的国王，他亲临战场，策马一直在自己的将士间来回奔驰，让他们可以看到王室的旗帜，即使他们不能看到国王本人。这是一位骁勇善战的国王，是亨利五世的翻版；这是一位真正的国王，是英格兰历经了几十年的无效统治后所需要的国王。

同代的《格雷戈里编年史》（Gregory's Chronicle）描写了关于陶顿战役之后令人毛骨悚然的细节片段："德文郡伯爵（the Earl of Devonshire）病倒了，所以无法逃走，于是被俘虏并被斩首。威尔特郡伯爵（the Earl of Wiltshire）被带到纽卡斯尔去见国王，到了国王那里，他被枭首，而他的头颅被送至伦敦，挂在了伦敦桥上……爱德华在北方逗留了很长一段时间，对反抗他父亲的叛乱做了大量的调查，并从约克城墙上取下他父亲的头颅，让全英格兰人向自己和自己的律法宣誓效忠。"

然而，这次惨败并未标志着兰开斯特家族野心的终结，这也许令人惊讶。只要亨利不屈不挠的王后仍有影响力，只要她有一个可以要求继承王位的儿子，只要有贵族把自身的命运与兰开斯特王朝的命运紧紧相连，而且不能够或不愿意放弃玛格丽特和她那不明事理的丈夫，那么，爱德华四世就得时刻警惕着叛乱。爱德华四世一回到伦敦就举行了加冕典礼。不久之后，议会宣告亨利及其支持者为叛徒，于是这位前国王只能到苏格兰避难。他的妻子与苏格兰的詹姆斯二世（James II）和法国的路易十一进行了谈判，表示如果他们给提供援助，就将分别得到贝里克郡（Berwick）和加来作为交换。这使得英格兰和苏格兰边境地区动荡不安，迫使爱德华于1464年亲自前往那里。事实上，他花了好几个月马不停蹄地在英格兰四处奔走，以消除对兰开斯特家族挥之不

▲ 一幅1812年有关英王爱德华四世统治时期英格兰弓箭手的描绘图

▲ 爱德华四世的玫瑰贵族硬币，铸造于1464年

去的疑虑。当然，这并不是说总要牵涉到军事行动。年轻的国王更倾向于用宽宏大量的宽恕来征服潜在的麻烦制造者。就这样，他犯了一些灾难性的错误。最大的错误是，他对玛格丽特的将军萨默塞特公爵的宽宏大量，不但赦免了他的罪还让他官复原职，而萨默塞特公爵则一下子抓住了这个机会，转而宣誓效忠兰开斯特家族。

这位魅力非凡的陶顿英雄当了十年的英格兰国王，获得了从未输过一场战斗的殊荣。但是，约克家族的那些胜利是由爱德华的将军们赢得的，而并非国王本人。到1465年，任何真正的抵抗都被粉碎了。

不幸的是，年轻的国王开始疏远自己的一些支持者。他正在慢慢失去人们对自己的尊重，因为他虽然很擅长解

·•◆ 文化的诞生 ◆•·

受到英吉利海峡对岸宫廷的启发，
爱德华四世回到英格兰后也开始鼓励艺术。

爱德华离开英格兰的岁月是他性格形成的时期，在这些岁月里，他的一些爱好得到了满足。由于亨利六世和玛格丽特王后得到了法国路易十一的支持，于是爱德华转而求助于法国国王的死敌（同时也是爱德华的妹夫）——勃艮第公爵大胆查理。查理大力支持艺术活动，正是在他的统治时期，我们所说的北方文艺复兴（Northern Renaissance）蓬勃兴起。勃艮第宫廷吸引了欧洲最优秀的一些画家、雕塑家、插画师和音乐家。荷兰商人创造的财富鼓励了各种各样其他的手工艺人——挂毯制作师、军械制造师、金匠和裁缝。达官显贵们都用最新潮的方式奢华地装饰自己和府邸。"炫耀性消费"一词很好地描述了查理统治时期的精英阶层。爱德华在其短暂的流放期间，所看到的文化繁荣给他带来了强烈的感官享受，同时暴露了英格兰宫廷生活的文化匮乏。他下定决心：待他重登王位，他的王室将不仅反映出王室权力，还将体现出王室品位、优雅和辉煌。图克斯伯里战役之后，他一确立了约克家族的统治，就下定了这个决心。

短短几年之内，一位外宾把爱德华和他的王后主持的宫廷描述为"基督王国中最富丽堂皇的宫廷"。他们委托低地国家（the Low Countries，指荷兰、比利时和卢森堡）制作漂亮的衣服、珠宝和家具。在温莎，国王扩大了圣乔治礼拜堂的重建计划，借鉴了最新的垂直式风格。不过，爱德华的主要爱好是书籍和彩色手稿。他从欧洲大陆的主要工匠那里订购了好几卷绘本，其中一本是让·沃夫林的《英格兰古代编年史》，记录了1471年以前英格兰王国的完整历史。历史上伟大统治者的传记和编年史特别有趣，但还有另一个作用，即引发了爱德华对奢华的热爱。

▲ 在法国作家和外交家菲利普·德·孔戴（Philippe de Commyne）的回忆录中，有一幅描绘国王爱德华四世登陆法国加来的微型插图

不幸的是，此时，这位年轻的国王开始疏远自己的一些支持者。

▲ 爱德华四世的加冕仪式，
创作于1902年

▲ 一幅描绘安茹的玛格丽特的蚀刻画

决敌人，却很难控制自己的激情。伴随着和平和安逸，随之而来的就是颓废与堕落。爱德华拒绝听取那些年长睿智的顾问们的劝告。那些曾为他出生入死、浴血奋战的人尤其憎恨他与一个地位低下的女人——伊丽莎白·伍德维尔联姻，因为他们认为国王对王后家族的恩宠理应属于他们。

英格兰的几位显贵十分厌恶宫廷的这种寻欢作乐、近乎放荡的"颓废"生活。最后，爱德华的忠诚盟友——沃里克伯爵被迫转而效忠前国王。1470年9月，形势发生了逆转。如今轮到爱德华流亡了。亨利六世再次成为英格兰国王（尽管实权掌握在沃里克手中）。这么看来，陶顿战役只是徒劳。

其实，爱德华离开英格兰仅仅6个月。1471年3月，他又杀回英格兰并在几周内彻底击败了敌人。亨利六世和他的儿子都被杀了。爱德华统治的最后12年相对平静，英格兰也从这一和平时期受益颇多，人民对此十分满意。但旧怨犹存，甚至影响到国王的兄弟们。发现弟弟克拉伦斯公爵乔治密谋反叛后，爱德华认为必须对其执行死刑，但另一个弟弟格洛斯特的理查幸存了下来。国王爱德华一死，格洛斯特的理查便立即设法取代王储，即王位继承人爱德华五世。理查使用的一个计谋是制造谣言，说王储和他的弟弟都是私生子，因为爱德华四世的婚姻无效。又宣称，国王曾与另一位贵族小姐结过婚，因此，这位贵妇人在法律上仍是国王的妻子。不管真假，那些了解爱德华四世及其多情性格的人很容易相信这一说法。一个始于陶顿的良好统治时代，最终却以约克王朝的破坏而结束。如果要说我们能从这一统治时期中汲取到什么教训的话，那或许就是：任何渴望统治他人的人，首先需要管理好自己。

白王后的
黑魔法

爱德华四世和伊丽莎白·伍德维尔童话般的
婚姻背后是巫术吗?

作者:威洛·温莎姆

1464年一个阳光灿烂的春日,英格兰第一位约克家族国王爱德华四世骑着马在惠特伯里森林(Whittlebury Forest)狩猎。无论他是在想着他的猎物、美好的天气还是带给他王位的那些动荡时期,这些很快都被另一件事完全取代。因为在那里,在一棵橡树下,站着天底下最美丽的女人,她牵着一个小男孩看着国王缓缓靠近。她毫不犹豫地挡住国王的道路,恳求国王帮忙收复原本属于她的土地,帮她的小家庭摆脱贫困。刹那间,国王被箭射中了,不是被尘世上的狩猎之箭射中,而是被爱神之箭击中,他中了一个永远无法解除的咒语。

他当时就想得到她,而且毫无疑问,因为此前从未有人抗拒过这位年轻英俊的君主。然而,他却无法说动这位美丽可爱的化身,让她妥协,哪怕是给他一个吻,而且当有人建议国王用武力得到她时,她毅然决然地坚持维护自己的美德和荣誉,这令国王十分汗颜,于是他单膝跪在她面前,发誓会对她忠贞不渝。

接下来的故事同样众所周知:国王被迷得神魂颠倒,于是正式向她求婚。不久之后,两人便秘密地结婚了。这一消息最终在当年9月公布时,国王的议会成员和

▲ 白皇后的黑魔法

臣民们都惊愕不已。

坊间一直流传着魅力超凡、风流成性的爱德华四世国王是如何与勾人魂魄的伊丽莎白·伍德维尔相遇、相识、成婚以及他愿意为她倾尽所有的传说。几个世纪以来，这个传说被大肆渲染和添油加醋，但始终存在一个令人十分好奇的问题：是什么原因让爱德华甘愿冒着遭受人神共愤的风险来得到伊丽莎白呢？有一种说法，答案很简单：爱德华的这位平民王后不仅通过女人邪恶的诡计，并且通过更险恶和更可靠的巫术诱惑牢牢地控制住了他。

1469年，第一拨这种指责出现，但并没有直接针对伊丽莎白，而是指控她的母亲，前贝德福德公爵夫人杰奎达。这一时期对伊丽莎白家族来说十分危险：杰奎达的丈夫和儿子被造王者沃里克伯爵下令草率地处决了，而伊丽莎白和她的孩子们对自己未来的安全毫无把握。爱德华四世自己束手无策，因为他自己也让沃里克（帮助他登上王位的人）扣押了。在这场混乱中，一个名叫托马斯·威克（Thomas Wake）的人站出来指控杰奎达·伍德维尔会使用巫术。他有一幅铅画肖像，他坚持说，这是杰奎达邪恶念头的化身。另一位叫约翰·道格（John Daunger）的教区执事，也在威克的要求下站出来，证实了杰奎达还制作了另外两幅画像，分别为国王和王后。这其中的含义显而易见：伊丽莎白的母亲利用这些图像和她的巫术以一种非自然的方式把国王和她的女儿绑在一起。杰奎达被抓获并带到了沃里克城堡。整个事件充满了政治阴谋和操纵的恶臭，因为威克恰好是沃里克的坚定支持者。然而，他们小看了女人，因为杰奎达向伦敦市长和其他有影响力的人寻求了支持，而且虽然被扣押的爱德华被迫传唤证人指控自己的岳母，但这一事件很快就平息了，因为1470年1月，爱德华再次登上王位。杰奎达决心为自己鸣冤，她在国王的议会上指控威克对她心怀恶意，面对

▲ 爱德华四世死后，一位匿名画家想象出来的国王的样子

◀ 在这幅1489年德国木刻版画中，两位女巫正在往自己的坩埚里添加原料

▶ 《英格兰古代编年史》中的一幅彩色插图，描绘了爱德华四世和伊丽莎白·伍德维尔的婚礼

▲ 伊丽莎白·伍德维尔的版画，印在玛丽·霍伊特（Mary Howitt）的《英格兰王后传记》（Biographical Sketches Of The Queens Of England）中

她激情有力的辩护，议会决定将她无罪释放。经过国王和议会成员（包括沃里克）的同意，这件事还被记录在了公共记录中。

1483年，又有了关于伍德维尔家族与巫术之间的进一步关联的传闻。1483年4月，爱德华四世突然意外死亡，针对伊丽莎白家族使用巫术的指控又一次探出其丑陋的脑袋，但由于杰奎达、沃里克和爱德华都死了，所以新的目标成了伊丽莎白本人，指控她的不是别人，正是爱德华的弟弟格洛斯特公爵理查。理查已经看到了他登上王位的机会，所以他决心一劳永逸地推翻渴望权力的伍德维尔家族。

事情是这样的：理查兴致勃勃地来参加一个会议，但过了一会儿，他却突然离开了房间。然后，他一回来，就完全变了一个人。他挥了挥手，把袖子往上一拉，露出了胳膊，说他的胳膊严重萎缩，并指控是伊丽莎白"这个女巫"害了他。不仅如此，这位国王的遗孀还有同伙，其中就有简·肖尔（Jane Shore），据说她是爱德华四世众多情妇中最出名、最受宠的一个。

次年1月，在理查三世的首次也是唯一一次议会中，这一指控被正式提出。此次会议通过了《王权法案》（Act of Titulus Regius），理查三世借此正式宣布爱德华四世和伊丽莎白的孩子为私生子，从而巩固了自己的权力和王位。法案中给出两个理由：首先，据说爱德华已经和埃莉诺·巴特勒夫人（Lady Eleanor Butler）订了婚，因此他和伊丽莎白的婚姻是无效的，而且他们的孩子都是私生子。其次，指控他们的婚姻是无效的（这种说法在随后的几年也一直给大众提供了想象空间），因为那是伊丽莎白和其母亲杰奎达以非自然的手段取得的。

1484年1月23日通过的这项法案直截了当地指出：这桩婚姻邪恶、不道德，而且因为有这桩婚姻，"所有政治统治的秩序都被颠覆了"。该法案所带来的政治后果显而易见。理查掌权了，任何对前王后子女的王位要求都被彻底粉碎。尽管如此，伊丽莎白并没有被送上法庭，而且，随着预期结果的实现——消灭了伍德维尔家族余党——新国王的想法很明确，他没有必要继续推动事态的发展。

伊丽莎白利用巫术诱惑国王的"证据"来自这些事件发生多年后的两件事，它们都发生在一个时期，利用政治上的权宜之计来破坏和消灭强大且遭人嫉妒的伍德维尔家族势力。然而，她的敌人所说的有依据吗？

尽管对现代人来说，爱情的魔咒显得古怪而又不可思议，但在15世纪及15世纪前后，爱情的魔咒被广泛使用且当时的人们对其坚信不疑。这种行为是16世纪和17世纪巫术的一部分，通常与巫术罪名有关，而且我们必须记住，对魔法的信仰和对宗教的信仰一样重要。例如，1471年，坊间再次流传了关于魔法的故事：耶稣受难日（Good Friday），爱德华四世前往巴尼特与沃里克伯爵的军队交战，这是两位前盟友之间持续不断的冲突中的决定性一战。据说当时的雾很浓，绝不可能是任何自然原因造成的，因此一定是巫术造成的。

不管之前还是之后，伊丽莎白及其母亲也不是唯一受到巫术指控的王室女性。巫术这一指控尤其致命；而且这是一种为数不多的能让女人无法还手的控告。1419年，亨利四世的遗

杰奎达决心为自己鸣冤，她在国王的议会上指控威克对她心怀恶意。

▲ 这是1478年吉恩·德·阿拉斯（Jean d Arras）的通俗爱情小说《梅鲁辛传》（*Le Livre De Melusine*）中水神的插图

孀王后——纳瓦拉的琼（Joan of Navarre）被判入狱，原因很简单，就是被指控用巫术。还有格洛斯特公爵夫人埃莉诺·科巴姆（Eleanor Cobham, Duchess of Gloucester）的一大丑闻，她在被判终身监禁之前进行了羞辱性的公开忏悔，而这全都因为有人称她获得了女巫玛格丽·朱尔德梅恩（Margery Jourdemayne）的帮助，让公爵娶了她，而且胆敢画出国王的星象图来占卜公爵作为亨利四世的继承人，是否有一天能成为国王。虽然伊丽莎白的情况没有那么严重，但她和她的母亲都意识到，要是她们的名字与巫术联系起来，后果会令人不寒而栗。

然而，从证据来看，对伊丽莎白和杰奎达的指控不太可能是真的。有些作家已经写了大量关于杰奎达的家族背景的文章，以及其可以追溯到神秘的水神梅鲁辛家族的传说。有人说，正是通过这层关系，杰奎达和她的女儿才继承了与生俱来的巫术天赋。对当时的人而言，这并不是什么难以置信的事——毕竟，巫术是从家族遗传而来的，通过母亲传给女儿这样代代相传，这种观念在英格兰未来的女巫审判中同样很盛行。然而，这个故事本身也不足以成为她们借此上位的证据。

同样地，也有人断言伊丽莎白和爱德华是5月1日结婚的，这一天是传统的五朔节（Beltane），是异教徒日历中最重要的日子之一，而且人们在潜意识里普遍认为五朔节与巫术息息相关。甚至还有人称是国王本人也参与了这种诡异的嬉闹游戏：结婚前一天，他与伊丽莎白、她的母亲和她们的女巫们一起疯疯癫癫地欢蹦乱跳。当然了，这纯粹是无稽之谈。据说，爱德华在新婚之夜后确实疲惫不堪，但毫无疑问，对于这个现象，人们有更世俗且更令人满意的解释。

由于国王的婚姻似乎很突然而又出人意料，加上对王后身份不那么看好，人们可能更容易相信，或者至少是小声嘀咕，这场婚姻背后可能隐藏着神秘的手段。伊丽莎白从一开始就受到指责和感受到敌意：她的美貌遭人嫉妒，再加上她吸引到国王的注意力时一无所有，既没有封地也没有头衔——事实上，她是当时唯一一位从普通民众中挑选出来的王后——她发现自己成了种种谣言和故事的主角。也有人将她视为一个只会攫取、傲慢自大的暴发户，非常不适合做国王的妻子和王后。她的母亲也被认为心机过深，不仅鼓励她的女儿从一开始就诱惑国王，而且还为其大家庭的各个成员谋求有利的地位和婚姻。

不过，尽管这可能是一个有趣的故事，但伊

确实，对伊丽莎白的指控不可能是真的。

爱的代价

你能从中世纪的爱情符咒中发现什么呢？

曼德拉草的根

一直以来，曼德拉就因其催情的特性而闻名，它一直是中世纪爱情符咒中普遍使用的成分，而且直至今天，仍有一些地区为此使用它。据说这种植物有雄性和雌性两种，即如果不采取适当的预防措施，寻药者在拔起它时就会大声尖叫，导致寻药者发疯或死亡。

蜂蜜

蜂蜜或蜂蜜酒是相对香甜可口的配料，常用于爱情符咒之中。人们期望它的甜味能有效地影响求爱的对象，令他们的关系变得更甜蜜。

天仙子

天仙子名声极恶，既可以为女巫所利用，也可以用来剥夺女巫的魔力，据说人们戴着这种药草之后，就能吸引所爱之人。天仙子可以把一对相爱的恋人紧紧联结在一起，并确保爱的延续。但使用它时需要非常谨慎，因为众所周知，天仙子会导致精神错乱和死亡。

蚯蚓

这是另一种令人毛骨悚然的东西，将其与茂盛生长的长春花和某些草药混合时，据说可以保证情侣之间的爱情天长地久。有人建议将蚯蚓与肉类一起食用，很可能是由于其味道难以下咽。由于蚯蚓与土地息息相关，也是提高生育能力的一个有力标志：这是许多爱情符咒都非常渴望达到的一种效果。

神圣的圣体

圣体（圣餐中经过"祝圣"的面饼）是圣餐（Holy Communion）仪式中至关重要的东西，其威力在中世纪受推崇，使它成为各种魔法（包括爱情符咒）中广受欢迎的成分。由于一块难求，所以人们想出了许多别出心裁的方法去获得，有些人甚至在教堂使用后把它藏在舌头底下带出来。根据需要，相关的文字和咒语可以写在上面。

▲ 在这幅17世纪莫里哀（Molière）的喜剧《爱情医生》（L'amour Médecin）的版画中，一个年轻人买了一副爱情魔药

▲ 在一幅维多利亚时代的插图中，伊丽莎白跟自己的儿子理查告别

丽莎白和她母亲决不可能为了这桩有利的婚事而涉猎巫术。如果说还有什么别的可能性，那就是伊丽莎白可能那天听了母亲的话，就在那儿等着爱德华骑着马从自己身边经过，但这也没有什么可信的证据。

对伊丽莎白和她母亲的指控最好从当时的政治角度来看。爱德华四世意外去世后，谋求权力和影响力的主要有两派，一方是爱德华的弟弟，格洛斯特公爵理查，另一方则是以王后为首的伍德维尔家族。伍德维尔家族对理查构成了直接威胁：理查赞成国政由整个议会负责，而年轻的爱德华五世只有少数派支持。理查的护国公职位只是名义上的，对于这位年轻且没有主见的君主几乎没有绝对的控制权。理查想要的很简单，就是希望伊丽莎白和她的孩子们能缴械投降，不要挡自己的道。

托马斯·莫尔（Thomas More）认为这些指控是一派胡言，并以伊丽莎白对简·肖尔众所周知的厌恶为理由，驳回了对这两个女人合谋的指控，同时也指出，在他看来，伊丽莎白不至于糊涂到干出涉猎巫术这种不明智之举。

伊丽莎白是女巫吗？答案当然是否定的。然而，无论人们相信什么，这一神话都经久不衰、广受欢迎；这一谣言在最近以爱德华和伊丽莎白的故事为原型改编的文学作品和电视剧中，再次得到了人们的认可，充分证明了这一观点不会很快消失。

伊丽莎白那天可能听信了母亲的话，就在那儿等着爱德华骑着马从自己身边经过。

爱德华四世，亨利六世和圣乔治

画家：爱德华·伯恩-琼斯

前拉斐尔派艺术家兼设计师——爱德华·伯恩-琼斯（Edward Burne-Jones）描绘了玫瑰战争时期的几位君主与英格兰的守护神，其水彩画、水墨画与彩色玻璃的风格相似。通过这种艺术表现方式，他与经常合作的威廉·莫里斯（William Morris）迅速成为了终身好友。画于1864年或1864年。

约克家族统治时期的宫廷

爱德华四世在各方面都很了不起。
尽管编年史家对他和他的政府有争议，
但他们不能忽视他和他的政府……

作者：德里克·威尔逊

从陶顿凯旋的国王身高一米九，他肌肉发达，体格健壮，佛兰芒（Flemish）史学家菲利普·德·康米尼曾声称："我从来没见过比他更英俊的人。"大多数观察家认为，他性格外向，为人随和。作为一名军事领袖，他卓尔不群，从未输过一场战斗。但是，他行使王权时，那些帮他赢得王冠的优良品质对他和国家都有好处吗？

后来的作家把爱德华描述成一个自我放纵的奢侈享乐之徒，但这样的评价对他的性格和成就不公平。当然，在约克家族富丽堂皇的宫廷中，一切应有尽有。这位精力充沛的国王喜欢在宫廷中摆满各种精美的物件，曾有外国游客把爱德华富丽堂皇的王宫与勃艮第公爵的宫廷相提并论，而后者代表着欧洲公认的最先进文化。

但皇家宅邸的宏伟壮观不仅仅是自我放纵的表现。爱德华知道，他必须给贵族和其他欧洲君主的代表留下深刻的印象。当时英格兰王室的首席大法官约翰·福蒂斯丘爵士（The Lord Chief Justice of the Kings Bench, Sir John Fortescue）在其代表作《论英格兰的法律与治理》

▲ 1461年6月，爱德华四世的加冕仪式

（On the Laws and Governance of England）中指出了王室富裕的必要性。

"国王需要有这样一笔财富，因为这样他才可以在为了享乐和想要显示宏伟华丽的时候建造新的建筑；他才可以给自己买贵重的衣服、宝石、其他珠宝，以及适合王室的装饰品。很多时候，他还为自己的宫廷买华丽的帷幔和其他装饰品，并进行与其王权相称的高贵奢侈的消费。"

弗特斯克（Fortescue）是一位忠诚的兰开斯特家族人，他一直追随着玛格丽特王后，直到她的复辟计划彻底失败。他很清楚亨利六世的宫廷是多么的贫穷，也知道这给亨利六世带来的负面影响。

"臣民宁愿与一名富有的贵族为伍，也不愿与囊中羞涩的国王为伴。"

爱德华没有犯同样的错误。据估计，他每年的个人支出按现代的货币来算，约为830万英镑。奢侈消费提振了人们对他执政的信心。

然而，爱德华的奢侈不能被视为"庸俗的炫耀"。他并未把钱仅仅花在家具、盘子、挂毯、珠宝、衣服和其他装饰品上。他还热衷于各种比赛和其他半公开的娱乐活动，而且他为后人留下了当时的建筑瑰宝——温莎圣乔治教堂（St George's Chapel），一座英格兰独特的垂直哥特式风格的宏伟典范。并非"大手大脚"的亨利七世后来曾试图超越爱德华的杰作，扩建了威斯敏斯特大教堂。

爱德华在其短暂的流亡期间曾寓居过勃艮第，因此便以勃艮第的宫廷为蓝本打造自己的宫廷。他收集了大量令人印象深刻的彩绘手稿和书籍，这些都成了皇家珍藏的基础，现在收藏于大英图书馆。但也许国王对国家幸福安康的最大贡献就是继续掌权。从1471年到1483年，英格兰经历了自亨利五世统治以来从未有过的和平、安全和健全的统治。尽管玫瑰战争直到1455年才真正开始，但在大多数人的记忆中，贵族之间的争斗、经济衰退和社会动荡持续了相当长的时间。大多数当时的记述都将他描写成一位和蔼可亲的国王。他平易近人，在困难时期努力实现国家统一。

然而，他还有另外一面，而这一面与他所取得的成就完全背道而驰。和平与成功冲昏了他的头脑。他只享受权力本身，一意孤行、拒绝忠言，导致他的顾问和家人纷争不断。

他所犯的最灾难性的错误就是与魅力超凡且精明能干的沃里克伯爵理查·内维尔闹翻。爱德华取得王位要归功于英格兰最富有的贵族沃里克，其军事才能和广泛的人际关系在许多场合都至关重要。沃里克比国王年长约14岁，他认为自己担任最受信赖的顾问绰绰有余，但爱德华决心自行其是。1464年，沃里克在法国谈判签订条约及商量爱德华迎娶法国公主一事时，国王却秘

▲ 大英图书馆馆藏的《勇气之路》（Le Chemin de Vaillance）中关于爱德华四世的纹章的插图

▲ 爱德华四世建造的温莎圣乔治教堂

对爱德华性格客观评价，首先应该认识到他的缺点与优点共存。

密地娶了伊丽莎白·伍德维尔，又将大量土地和头衔赏赐给伊丽莎白的亲戚，并受他们的影响。这在宫廷中引发了一场家族仇恨，不仅牵涉到沃里克，还牵涉到爱德华的两位弟兄，即克拉伦斯公爵乔治和格洛斯特公爵理查。

这最终导致沃里克和克拉伦斯叛逃，倒向了兰开斯特家族的怀抱。沃里克从伦敦监狱释放了前国王亨利六世，并在所谓的《亨利六世的复辟法案》中宣布亨利六世为国王。爱德华逃到了勃艮第，但很快就带着一支人数不多的军队开往伦敦。返程途中，爱德华的军队不断壮大。在随后1471年4月的巴尼特战役中，沃里克阵亡。

在接下来的一个月里，图克斯伯里战役的胜利确保了爱德华的王位，这一地位的巩固也是通过他在伦敦塔谋杀了亨利六世而实现的。兰开斯特家族的复辟事业失败了，玛格丽特的大多数支持者也接受了这一既成事实。然而，这一切并没有消除贵族的不满，也没有平息他们对政权的批评。爱德华去世后，谣言四起，说他是一位淫荡的君主，主宰着奢侈淫乱的宫廷。但这其中有多少是真的呢？

爱德华热情外向，这一点毋庸置疑。菲力浦·德·康米尼认为，爱德华的纵情酒色是给他招致麻烦的原因之一，但康米尼是法国路易十一的人，在他看来，没有任何当代君主能与路易十一相提并论。

意大利作家多米尼克·曼奇尼（Dominic Mancini）于爱德华死后不久在英格兰待了几个

▲《英格兰编年史》中的一幅插画，描绘了让·沃夫林正在将自己的书呈给国王

月，他将这位已故的国王描述为"荒淫无度……无论是已婚或未婚、高贵或低贱的女性，他都有染指；然而，他并非是通过武力将这些女人拿下的"。对他的结论最好的评价就是，它反映了当时的流言蜚语。

爱德华确实有若干情妇，但这并不代表他在15世纪欧洲王室和贵族家庭的男性成员中与众不同。

有人指控国王犯有重婚罪，在与伊丽莎白·伍德维尔成婚之前，他就已有婚约，但这都是那些支持他弟弟理查三世的人在自说自话；理查三世宣称，爱德华与伊丽莎白的后代并不是在合法婚姻的基础上所生的，因此也不是合法的继承人，这样一来他好从中渔利。

都铎时代的作家波多雷·维吉尔（Polydore Vergil）和托马斯·莫尔写道，爱德华无法控制的激情削弱了他作为国王的能力。

任何对爱德华的性格进行客观评价的尝试，都应该首先认识到他的缺点与优点并存。有时他的这些优缺点会让他做出不明智的决定。毫无疑问，他最大的错误是为爱结婚。人们普遍认为，国王可以随心所欲地享乐，但结盟必须是为了国家的利益。

国内通婚打破了各种政治力量的平衡。曾为爱德华事业而战的约克家族的首领们都希望能与国王亲近，并享有有影响力的职位，以此作为忠诚的回报。伍德维尔家族作为兰开斯特入侵者而遭人憎恨。就他们而言，他们通过影响王室政策与贵族联姻巩固了自己的地位。当时爱德华确实真心实意地试图弥合旧伤，而这只会引起嫉妒，加剧竞争。

伊丽莎白的兄弟姐妹们共12人，自然而然地充分利用了他们的好运气，而国王也没有节制地给予他们慷慨的赏赐。这使他们看起来似乎十分贪婪且毫无原则，显然是英格兰宫廷堕落的替罪羊。事实上，伍德维尔家族的人，尤其是安东尼（Anthony），都是有教养的虔诚的教徒。安东尼本人是印刷厂威廉·卡克斯顿（William Caxton）的早期赞助人，也是最早认识到印刷术重要性的人之一。

和蔼可亲的爱德华时而容易劝说，时而极为难处。他饶了亨利六世和自己弟弟克拉伦斯的命，让他们尽可能长时间地苟活着，结果私下又

商人国王

"法律就像威尔士人的房子，因人而异。"

这首流行的歌谣表达了人们对混乱的蔑视。在这种混乱之中，法律无足轻重，完全被当权者操纵。爱德华开始让社会"机器"平稳而高效地运作，其中最重要的是贸易。

一个健康的经济体制不仅意味着臣民殷实，也意味着政府有钱。货物进出口的有效流通给国王带来了重要的海关收入，爱德华还鼓励造船业，允许新船的船主首次航行可以免关税。他还颁布法令，规定如果有英格兰船只，必须使用英格兰船只，以此限制外国船只运输货物。

商人们很快就利用了改善后的贸易条件。从出口羊毛和毛织品的富人所建造的"羊毛"教堂和木结构的城镇高楼中，我们今天仍然可以看出这一点。但最富有的是国王。他的代理商将羊毛、布料、锡和白蜡运往欧洲各地，同时为他进口菘蓝、明矾、腊酒和纸张。

爱德华还进行了基础金融改革，发行了天使硬币和玫瑰贵族硬币等新硬币，并在全国各地建立了新的铸币厂。在国王的带领下，权贵们很快就进军商界。爱德华四世的统治就是"有钱能使鬼推磨"这一格言的经典例证。

▲ 爱德华四世第二次统治时期的一枚四便士银币

残忍地把他们解决了。他忘恩负义，逼得沃里克走上了反叛之路，让自己失去了一位本可以制衡他姻亲强大影响力的顾问。他自己问心有愧，因为他保守了自己与伊丽莎白·伍德维尔结婚这一秘密很长时间。克拉伦斯之死深深地影响了他的另一个弟弟格洛斯特的理查，后者决定在爱德华下葬之后立刻清除伍德维尔家族的势力。

爱德华四世是一位卓尔不群的国王，他给英格兰带来了十几年的和平与稳定，但他的性格也有缺陷。这一点，再加上激烈的贵族斗争困扰着英格兰，给人们留下了一个堕落的宫廷和一位软弱君主的普遍印象。然而，说起国王的风流程度，爱德华四世远不及爱德华二世、理查二世和查理二世等人，这里只是略举一二。

撤退与复仇

15世纪60年代,兰开斯特家族面临的最大挑战是获得足够的支持来打败爱德华四世,让亨利六世重登王位。这场斗争是艰苦的,但十年后,兰开斯特家族的希望被重新点燃

作者:乔恩·莱特

1461年3月的陶顿战役之后,亨利六世、安茹的玛格丽特和他们的儿子爱德华逃至苏格兰。他们为复辟事业寻求国外支持,这也将是导致兰开斯特家族长期流放的主要原因之一。

兰开斯特家族在英格兰边境以南仍然有拥护者,特别是威尔士以及英格兰北部。1462年年初,牛津伯爵和其他人因与玛格丽特暗中来往并策划在埃塞克斯(Essex)登陆而被处以极刑。不过,眼界必须开阔些。玛格丽特在谋划策反一事中是领头人;虽然无论她走到哪里都受到礼遇,但是,令人沮丧的是,她很难找到一个坚定的盟友。

例如,自1460年8月以来,由于国王詹姆斯三世年轻,苏格兰一直由摄政王——格尔德雷斯的玛丽(Mary of Gueldres)所统治。她延续了詹姆斯二世的既定政策,目标是利用兰开斯特家族和约克家族两大阵营,为苏格兰谋取最大利益。1461年4月,她承诺向兰开斯特家族提供援助,条件是拿苏格兰一直觊觎的边界城镇伯威克(Berwick)作为交换,但是,一旦兰开斯特家族能得到援助,该城镇也可能轻而易举地被夺走。

这一模式可以从接下来几年混乱的军事和外交策略中窥见一斑。1462年10月,玛丽假装同意与爱德华四世政府休战,但次年3月,苏格兰的军队和兰开斯特家族的军队又并肩作战,突袭了英格兰北部的约克郡。然而,到了1462年12月,玛丽再次与爱德华达成休战协议,此时亨利六世已经失去耐心,便越过边境前往班堡。兰开斯特家族在苏格兰有一些坚定的支持者,但玛丽绝对不可能成为一名可靠的盟友。到1463年12月玛丽去世前,她已经明确地认识到,英格兰内战的势头完全倒向约克家族一边。

▶ 由于丈夫亨利六世被囚禁于伦敦塔,所以安茹的玛格丽特及其儿子威斯敏斯特的爱德华开始了流亡生涯

1468年6月，路易十一世越来越难以理解自己为什么要信任约克家族国王爱德华四世。

克拉伦斯公爵乔治

▲ 克拉伦斯公爵乔治是玫瑰战争期间最臭名昭著且最捉摸不定的人物之一

由于爱德华四世的弟弟一生诡计多端，所以他几乎遭到了历史学家的一致谴责。然而，其背叛之路异常艰难。作为约克公爵理查的第五子，乔治在爱德华四世夺取王位之前一直安全地隐居在欧洲。之后，他11岁回国，接受了克拉伦斯公爵的头衔并成为爱德华的直接王位继承人，享受了来自各方的祝福。

克拉伦斯在斯塔福德郡（Staffordshire）塔特伯里城堡（Tutbury Castle）的经营似乎很不错，但他的计划略有些不切实际。1468年，他宣布了大规模扩张王室的计划，要求雇用不少于399名员工。而事实上，以克拉伦斯的财力，很难达到这种程度；他与爱德华疏远的一个原因可能就是他对王室财政支持的不满。

国王还禁止他向沃里克的女儿伊莎贝尔求婚，但克拉伦斯不顾一切地坚持成婚，并为两人的婚姻争取到了不可或缺的教皇特许。1469年7月，婚礼的举行标志着沃里克和克拉伦斯的计划进入了一个新阶段，而这一阶段也为他们对英格兰政务臭名昭著的干预埋下了伏笔。正因如此，以及之后发生的一切，人们都说克拉伦斯野心勃勃，甚至神经不正常。毫无疑问，人们将永远记住他，用莎士比亚的名言来说，就是"虚伪、善变、出尔反尔的克拉伦斯"。

安茹的玛格丽特又千方百计地劝说法国人为自己提供支持，但是效果不大。1461年7月，王后先派了萨默塞特公爵和莫林勋爵（Lord Moleyns）与法国国王谈判；1462年4月，玛格丽特又亲自前往法国。耽搁了一段时间之后，她会见了法国新国王路易十一世，但路易十一世并不像前国王查理七世那样热衷于兰开斯特家族的复辟大业。尽管如此，双方还是于6月在希农（Chinon）和图尔市（Tours）达成一些协议：法国承诺将提供援助以换加来。

玛格丽特率领了一支舰队前往英格兰，但路易似乎并未提供原先商议的资金，因此，这支小部队很可能是由玛格丽特坚定的盟友皮埃尔·德·布雷泽（Pierre deBrézé）资助的。尽管财力有限，兰开斯特家族还是成功并短暂地（暂时）重新占领了班堡、阿尼克（Alnwick）和邓斯坦伯堡（Dunstanburgh）的城堡，但到年底，这些城堡又悉数回到了约克家族手中。终有一天，法国的援助对兰开斯特家族的事业至关重要，但这一天的到来仍需数年。1463年8月，兰开斯特家族再次向路易求援，但未取得任何外交胜利，而且到了10月，路易已与爱德华四世签署了正式停战协议。

与此同时，玛格丽特在第二次大陆之行中争取另一位潜在盟友——勃艮第的菲利普的支持也宣告失败。编年史作家乔治·查斯特拉因（Georges Chastellain）用一种戏剧性的方式，为不幸的王后画了一幅凄惨的肖像："她孤苦伶仃地来到这里，一无所有，十分凄惨；既没有人信任，也没有钱，身上只穿着一件礼袍，连一件换洗衣都没有。"玛格丽特"曾是世界上最有权势的女人，如今却成了世界上最穷的女人"。因此，"看到这位尊贵的王后在如此危险的情况下低声下气、委曲求全，实在可怜"。玛格丽特似乎从未陷入如此可怕的经济困境，到1463年年底，兰开斯特家族显然复辟无望。

1464年，兰开斯特家族遭受了一系列更为严重的打击。北方经历了多年的冲突之后，兰开斯特家族的反抗随着约克家族在海哲力摩尔和赫克瑟姆两次战役中的胜利而几乎被摧毁。兰开斯特家族的精英领导层不是战死就是遭到处决，少数逃脱了的最终也被追杀。拉尔夫·格雷爵士一开始成功地在班堡找到了临时避难所，但很快就被俘虏并在唐卡斯特（Doncaster）被处以极刑——他的头颅被送往南方，并挂在伦敦桥上示众。所有北方的主要堡垒现在都在约克家族手中，兰开斯特家族的运气跌到了谷底。

1465年夏天，事态更加严重。在赫克瑟姆战役中，亨利六世起初驻扎在附近的拜威尔城堡（Bywell Castle）。战斗结束后，他逃了出来，并在接下来的一年里，贼一样地流窜于兰开夏郡、西约克郡和西莫兰郡。然而，1465年7月，他在里布莱斯代尔（Ribblesdale）的沃丁顿餐厅（Waddington Hall）与当地绅士共进晚餐时被认了出来。当晚，他设法溜走了，但是阿宾顿（Abingdon）的一名修道士威廉·坎特洛（William Cantelowe）透露了他的行踪，于是一群约克家族的骑士很快就找到了他。

他们捆住了亨利的双脚，将他带到伦敦，让他穿过大街游行，然后把他监禁在伦敦塔中。亨利五年的囚禁生活其实很舒适：他有一位牧师每日为他主持弥撒，探望者可随意进出，国王有时

▲ 林里斯戈宫（Linlithgow Palace），安茹的玛格丽特在苏格兰流亡期间到达的第一个避难所

还从王室酒窖送来葡萄酒，偶尔还会送天鹅绒来给他做衣服。亨利的人身非常安全。如果亨利被杀了，兰开斯特家族的野心将转移到他的儿子爱德华身上；从很多方面来看，王子是更好的国王人选。然而，监禁对兰开斯特家族的自尊和愿景是一次沉重打击。

经历了这一切之后，安茹的玛格丽特留在了法国，主要在巴尔公国（Bar）圣米耶勒（Saint-Mihiel）的科尔乌拉佩蒂特（Koeur-la-Petite）城堡。城堡的主人是玛格丽特的父亲，也是玛格丽特获得稳定收入的来源。那里的生活并不奢华，但由于兰开斯特家族在英格兰的财富已经支离破碎，许多以前的盟友来到这里，于是开始出现类似于流亡宫廷的情况。但是，这里的规模不大，也许高峰时最多只有200人，但它却为兰开斯特家族活动提供了一个有用的基地。

玛格丽特继续努力地争取支持。她与葡萄牙和卡斯提尔（Castile）的君主进行了谈判，但没有成功。她仍坚持不懈地通过兄弟卡拉布里亚公爵让（Jean, Duke of Calabria），试图赢得路易十一世的支持。玛格丽特了不起的盟友约翰·福蒂斯克爵士（Sir John Fortescue）也不停地向路易施压，希望他相信英格兰国王爱德华四世一心入侵法国。

玛格丽特之子爱德华逐渐成为一名值得信赖的年轻人，这给了兰开斯特家族些许安慰。1467年，米兰公爵得知爱德华虽然还是个少年，"但他全身心地投入战斗中，非常喜欢骑没有被驯服的野马"，尽管他很容易生病。我们很可能会为玛格丽特感到遗憾，并认识到17世纪一段描述她生活的文字是多么贴切——米歇尔·巴蒂尔（Michel Baudier）写道，从她的历史中，"我们也许能看到命运的无常……和王位与王权给人类生活所带来的苦难"。

然而，更有希望的日子还在后面。15世纪60年代末，由于勃艮第和英格兰的关系不断巩固，谨小慎微的路易十一世果断地支持兰开斯特家族的事业。1468年6月，爱德华四世的妹妹嫁给勃艮第的查理时，路易越来越难以理解自己为什么要信任约克家族国王爱德华四世了。与此同时，一个意想不到的潜在盟友在英格兰出现了。

玛格丽特和她的顾问们一直试图与兰开斯特在国内的盟友保持联系，但这对于那些传递信息的人来说可能很危险。兰开斯特家族到处散播谣言，称约克家族并不像表面上那样团结，从而从中获利。有几次，路易十一世得知沃里克伯爵对兰开斯特家族表示同情，这其实是一个精心设计的策略，因为路易十分尊重沃里克。很长一段时间里，这不过是谣言，很少有人认真对待，当然路易也没有完全相信。然而，十年转瞬即逝，这种幻想变成了一种真实的可能。

沃里克与爱德华四世的关系从15世纪60年

▼ 安茹的玛格丽特及儿子威斯敏斯特的爱德华的雕像

代中期开始恶化。最后，到了1469年，沃里克的失望一触即发。他与克拉伦斯公爵乔治结盟，支持英格兰北部的叛乱，同时在加来见证了他的女儿和克拉伦斯的婚礼。婚礼一结束，沃里克和克拉伦斯就发表了一份控诉宣言，谴责政府的税收不公和执法不力。

两人声称，他们只想除掉爱德华四世身边的邪恶顾问，让国家回到正轨。尽管如此，他们还是入侵了英格兰，并于7月26日在艾治考特的军事交战之后，控制了国王。那场战役之后，一些沃里克最重要的对手也相继阵亡，包括里弗伯爵（the earl of River）、彭布罗克伯爵（the earl of Pembroke）和德文伯爵（the earl of Devon）。公众的消极反应迫使沃里克释放了爱德华；1469年至1470年的冬天，各方都做出了艰苦的努力以达成和解，并最终形成一个各方都能容忍的政府模式。然而，到了1470年春天，克拉伦斯和沃里克越来越清楚地意识到，把爱德华赶下台是他们唯一可行的办法。在林肯郡（Lincolnshire）支持了另一场叛乱之后，沃里克和克拉伦斯出发前往法国，5月到达翁弗勒尔（Honfleur）。

安茹的玛格丽特对沃里克极为怀疑，她有充分的理由把过去十年里她遇到的大部分麻烦都归咎于沃里克。尽管如此，路易十一世还是努力促成了这两个宿敌之间的和解。经过长时间的磋商，双方同意玛格丽特之子爱德华将迎娶沃里克的女儿安妮为妻。关键的条件是，只有沃里克成功让亨利六世或爱德华登上英格兰王位，这场婚姻才算生效。

兰开斯特家族的事业重新点燃。不久以前，兰开斯特家族在英格兰仅存的前哨只有北威尔士的哈列克城堡（Harlech Castle），甚至贾斯帕·都铎试图夺回这个要塞也成了一大难题。现在，兰开斯特家族终于可以再次采取大胆的举措，这一切都要感谢最令人惊讶的盟友们。没过多久，沃里克就将启程前往英格兰，玛格丽特紧随其后。玫瑰战争的新篇章即将揭开。

叛徒之死

约克家族国王爱德华四世为了重新夺回王位，
与他强大的前盟友沃里克伯爵展开了抗争

作者：威廉·E. 威尔士

1471年4月14日早晨，当敌军做好战斗准备时，一场浓雾笼罩了巴尼特北部的荒原。头两个小时，双方进行了初步的交火和射箭对决，试图削弱敌方力量。大约凌晨7点，英王爱德华四世命令他的约克家族军队向兰开斯特家族的主力军发起进攻，对方军队由他的前盟友（现在是敌人）沃里克伯爵理查·内维尔和索尔兹伯里勋爵率领。

约克家族军队满怀信心地冲上前锋，因为他们知道自己是在为维护约克家族的统治而战。武器的铿锵声预示着成千上万士兵之间激烈冲突的开始。英格兰两位最有权势的人正处于生死存亡的关头。爱德华试图重新夺回王位，而沃里克则试图维护亨利六世和兰开斯特继承人对王位的要求。

1461年，沃里克在帮助年轻的爱德华获得英格兰王位的过程中发挥了关键作用。那年爱德华加冕后，沃里克担任了他的首席顾问，但随着时间的推移，由于其他大臣们渐渐地赢得了国王的信任，沃里克的地位便逐渐下降。

1469年，沃里克与爱德华的弟弟克拉伦斯公爵乔治·金雀花密谋反叛爱德华，但在他试图将爱德华赶下王位失败后，于1470年4月逃往了法国。一到那里，沃里克就与安茹的玛格丽特和法国国王路易

▶ 巴尼特战役之前，全副武装的爱德华四世领着自己的俘虏兰开斯特国王亨利六世，穿过伦敦的大街小巷

十一世密谋，以恢复无决断能力的兰开斯特国王亨利六世的王位。

1470年9月，沃里克回到英格兰，试图推翻爱德华。由于寡不敌众，爱德华于9月29日逃到佛兰德斯（Flanders），在那里他终于集结了足够的军队重回英格兰并夺回了王位。1471年3月14日，他在约克郡的渡鸦岔口（Ravenspur）登陆并向南进发。在莱斯特郡时，由威廉·黑斯廷斯伯爵（Lord William Hastings）、威廉·斯坦利爵士（Sir William Stanley）和威廉·诺里斯爵士（Sir William Stanley）率领的3000名士兵加入了他的军队，使其规模扩大了一倍多。

沃里克和他的兄弟蒙塔古侯爵约翰·内维尔，以及他们的军队躲在考文垂。4月2日，爱德华终于率领自己的约克家族军队赶到。他试图把沃里克和蒙塔古侯爵从考文垂引出来，在开阔的地方作战，但没有成功，于是他开始向伦敦进发。在此之前，爱德华的另一个弟弟——克拉伦斯公爵原先一直站在沃里克一边，但4月3日，这两个疏远的兄弟在沃里克郡的一次会议上消除了彼此之间的分歧。结果，克拉伦斯的4000名士兵倒向了爱德华，而不是倒向沃里克。这对变节者沃里克而言是个沉重的打击。之后，爱德华派克拉伦斯去规劝沃里克，想让他通过谈判和平解决问题，但沃里克不肯让步。

由萨默塞特公爵埃德蒙·博福特率领的一支强大的兰开斯特家族军队封锁了爱德华前往伦敦的道路。然而，这支队伍于4月8日前往英格兰西南部与玛格丽特王后及其子爱德华王子（按照计划，二人将从法国抵达伦敦）会合了。沃里克原本希望他们能阻止爱德华，于是立即给他的弟弟约克大主教乔治·奈维尔传信，指示他部署军队阻止爱德华进入伦敦。但那时，爱德华在伦敦的支持者们已经为他自发集结了一支军队。人们迅速将大主教逮捕并送往伦敦塔，然后，市政官员下令解散了民兵。这一连串的事件让爱德华获益

▲ 对巴尼特战役惊险的描写未能准确地描绘出敌对双方下马后是如何作战的

敌人的敌人

为了获得必需的财政支持以夺回王位，爱德华转向沃里克的敌人——勃艮第公爵查理求助

▲ 1471年3月，荷兰和汉萨同盟的船只将爱德华从弗拉辛运送到渡鸦岔口

1470年10月，为了躲避兰开斯特家族统治的英格兰政府，爱德华四世来到了荷兰。最初，他遭到了勃艮第公爵查理的冷眼相待，因为勃艮第公爵不想激怒国王路易十一世。查理和爱德华由于约克的玛格丽特而成为亲戚，因为爱德华的妹妹于1468年7月嫁给了查理。

但是，沃里克伯爵与法国国王的协定，也就是众所周知的《昂热协议》（Angers Agreement），要求沃里克与法国结盟对抗勃艮第。根据条约，沃里克向勃艮第宣战，而爱德华还在荷兰。这使查理对爱德华产生了好感。在1470年1月举行的几次会议上，公爵借给爱德华5万金币（2万英镑），帮助他购买军队和船只，以便再次入侵英格兰，用武力夺回王位。

爱德华还与汉萨同盟的几座城市签订了一项协议，通过协议他获得了14艘额外的船只；作为回报，他承诺等自己重新登上英格兰王位时将给予他们优惠的贸易权。1471年3月11日，爱德华的36支战船，由勃艮第的海军上将费勒的亨利勋爵（Lord Henry of Veere）率领，从弗拉辛（Flushing）扬帆起航。这些船载着数百名勃艮第雇佣兵，他们将在爱德华着手在英格兰招募一支全新的约克家族军队前保护他。

▲ 在对巴尼特战役惊险的描述中，爱德华四世用自己的长矛杀死了沃里克

颇多，而这些挫折也让沃里克失去了与他的对手成功作战的机会。

爱德华于4月11日抵达伦敦时，他与亨利六世进行了短暂的会面。会面之后，他命人将亨利从他的王室宅邸转移到伦敦塔。爱德华的队伍因增兵而壮大。沃里克只比爱德华早到了两天，露宿在巴尼特。复活节仪式后，约克家族军队于4月13日下午4点离开了伦敦。

行军近16千米之后，步兵通知国王，兰开斯特家族军队已经在巴尼特村以北800米的山脊上严阵以待。兰开斯特右路和中路的部队部分埋伏在路西边的树篱后面，其余的兰开斯特家族军队的防线都在开阔的地面上。尽管夜幕已经降临，爱德华还是继续前进，因为他想让自己的军队尽可能地接近兰开斯特家族军队，以便在黎明时分突袭敌人。由于无法确定敌人侧翼的准确位置，爱德华在敌人的对面部署得很不均匀，他的右翼与敌人的左翼重叠，而他的左翼与敌人的侧翼相距不远。

沃里克发现约克家族军队就在附近扎营后，他下令用大炮轰击敌人。他希望持续的轰炸会使爱德华的军队慌乱不堪。隆隆的炮声划破了夜空，爱德华命令他的炮手不许还击，因为他不想暴露军队的确切位置。兰开斯特家族的炮手在夜间盲目地开火，炮火完全错过了敌人的位置。

我们将中世纪有组织的军队对阵称之为战斗。牛津伯爵约翰·德·维尔（John de Vere）率领的军队守在兰开斯特家族军队右方，蒙塔古在中间，埃克塞特公爵亨利·霍兰德在左边。沃里克指挥着一支由身着红色服装的部队组成的预备队和衣衫褴褛的雇佣兵，前者整齐地排列在有熊标识的军旗之下，后者则位于蒙塔古阵地的后方。至于约克家族军队，格洛斯特率领右军，爱德华率领中军和后面的预备队，威廉·黑斯廷斯勋爵指挥左军。爱德华命令克拉伦斯与他并肩作战，以便可以密切观察他，确保他不会倒戈或袖手旁观。

爱德华下令不许对敌人心慈手软，双方都下马列队。然而，浓雾使双方指挥官都没有意识到战线分布不平均，而且在两条战线的右边有大量的重叠。

黑斯廷斯率领的左军不得不穿过树篱才能到牛津伯爵率领的军队之处。但由于双方的战线重叠，他们的进攻并不理想。牛津伯爵的队伍击退了对方无力的进攻，然后发动了猛烈的反攻，队伍在伯爵旗帜下不断前进，旗帜上缝着带飘带的耀星旗。黑斯廷斯防线在牛津伯爵的进攻下崩溃了。黑斯廷斯的部队，其中许多是未参加过战斗的新兵，溃败得猝不及防，黑斯廷斯甚至来不及阻止自己的手下逃跑。

在战场的另一边，格洛斯特的部队却很难利用与敌人侧翼重叠的机会，因为他们的大多数士兵部署在山脊的斜坡上，必须冲上山峰才能袭击埃克塞特的队伍。尽管如此，格洛斯特训练有素的军队还是把埃克塞特人逼退到了大北路。埃克塞特的士兵被迫返回沃里克率领的中心队伍。随后，沃里克伯爵派出了预备队去增援他的左翼。他们吹响号角，向敌人发起进攻，加强了埃克塞特的防线。

在战斗中心，穿着红蓝制服的爱德华的军队和蒙塔古的军队更加势均力敌。局势一开始有利于爱德华的士兵，他们与新国王并肩作战，士气十分高昂。但随着战斗的继续，蒙塔古军队人数多的优势开始显现。爱德华的士兵失去了战场中心仅有的一点儿阵地。全副武装的士兵用长枪和剑相互厮杀，而穿着皮背心和软垫的平民们则挥舞着锋利无比的钩镰。

牛津的军官们招募了大约800名士兵，率领着他们穿过迷雾返回血腥的战场。他们以为自己能够攻击爱德华阵营的左翼和后方，但事实并非如此。战线由东西走向变为南北走向，结果蒙塔古作战之处就转到原来爱德华战队所在的地方。

蒙塔古的人注意到一支纵队正在向他们的侧翼逼近，但在晨雾中无法清楚地分辨出这支快速逼近的部队的旗帜。随着牛津伯爵的士兵们逐渐逼近，蒙塔古的一些人把他那带飘带的耀星旗（blazing star with streamers）误认为是爱德华带飘带的旭日旗（sunburst with streamers），毕竟二者极其相似。蒙塔古误认为约克家族军队将攻击他的右翼，于是命令弓箭手向牛津纵队开火。

隆隆的炮声划破了夜空，爱德华命令自己的炮手不许还击。

▲ 沃里克伯爵试图接近自己的战马逃离战场，但他被敌军追上并杀死了

激烈的战斗已持续了两个多小时,双方军队都已精疲力竭。

▲ 约克家族的钩镰兵刺杀了穿着铠甲难以逃离战场的沃里克

受到攻击后,牛津的部队则以为蒙塔古已经临阵倒戈。沃里克的军队是兰开斯特家族士兵和前约克家族士兵的大杂烩。战争爆发的前几天,军中有谣言,说沃里克可能会像克拉伦斯那样与爱德华和解。蒙塔古的弓箭手向牛津的人开射时,他们喊道:"叛国!叛国!"消息很快在兰开斯特家族队伍中传开,说有些士兵已经倒戈。混战之中,沃里克几乎无法纠正这个毁灭性的误解。

到这时,激烈的战斗已持续了两个多小时,双方军队都已精疲力竭。爱德华注意到敌军混乱不堪,就鼓励自己的部队加倍努力,将敌人一举歼灭。约克家族军队重新振作起来,开始挥舞武器发起进攻。在激烈的混战中,埃克塞特受了重伤,他的手下以为他已经死了,便撇下他不管。

两个多小时后,兰开斯特的防线被击溃了,溃败的军队向西方和北方奔逃,企图摆脱追兵。许多人死在一个后来被称为"死人谷"(Dead Man's Bottom)的开阔地带。随着兰开斯特防线的瓦解,沃里克徒步飞奔,试图骑上自己的战马逃离战场,但约克家族军队的士兵追上了他,爱德华还没来得及阻止,士兵就已经将其杀害。获胜的约克家族把埃克塞特带到了伦敦,将他囚禁在那儿。至于牛津,他逃到了苏格兰,后来又逃到了法国。

据当时的战争记录估计,兰开斯特家族在巴尼特战役中的伤亡人数达到1万人,但这个数字可能有点儿夸张。据现代记录估计,兰开斯特家族军队损失了1000人,约克家族军队损失了500人。约克家族的决定性胜利标志着亨利六世重建政府的结束,这一统治时期始于1470年10月,持续了6个月,而沃里克的死则解决了爱德华统治的主要威胁之一。沃里克巨大的财富和敏锐的政治嗅觉使他成为了一个可怕的敌人,在玫瑰战争中没有任何权贵能像他一样拥有如此大的权力和影响力。随后,爱德华于1471年5月4日在图克斯伯里击败了由兰开斯特家族的爱德华王子领导的兰开斯特家族军队。战死沙场的爱德华王子是兰开斯特家族的最后一位后裔。

亨利六世仍被囚禁在伦敦塔。尽管有消息称他在1471年死于忧郁,但也有人宣称是爱德华让人谋杀了他。尽管他对爱德华没有什么威胁,但其他的权贵有可能会利用他来达到自己的目的。人们普遍认为,亨利跪着祈祷时,有人给了他的后脑勺致命的一击。无论如何,爱德华平稳地统治了英格兰长达12年。

巴尼特战役

4. 兰开斯特家族军队误向自己人开火

牛津集结了他的一小部分军队并率领他们返回了战场。战线已经从东西走向转为南北走向。结果，牛津的士兵逼近了蒙塔古的右翼，而不是爱德华的左翼。蒙塔古勋爵约翰·内维尔把牛津的耀星旗误认为是爱德华国王的旭日旗，便命令手下的弓箭手向不断逼近的军队猛烈射击。

6. 内维尔家族的灭亡

察觉到兰开斯特家族军队方寸大乱，爱德华命令军队乘胜追击。蒙塔古想把手下集合起来，但失败了。沃里克弟弟的死引起了一场大规模的骚乱，因为兰开斯特家族军队的士气彻底崩溃了。意识到这一战已经彻底失败，沃里克伯爵理查·内维尔试图逃跑。约克家族军队的士兵追上了他，他还没来得及骑上马就被杀死了。

1. 无效的投掷武器

黎明时，双方开始用火枪相互射击，但清晨的浓雾使火枪无法确定目标。双方的弓箭手取得了更好的成绩。但由于双方都有足够的弓箭手，所以双方都没有明显的优势。

牛津
沃里克
黑斯廷斯
蒙塔古
爱德华四世
埃克塞特
预备队
格洛斯特

● 约克家族军队
○ 兰开斯特家族军队

3. 洗劫巴尼特

令牛津伯爵反感的是，战斗的结果尚未决定，他手下的一些人却开始掠夺巴尼特。士兵们微薄的收入，这极大地助长了他们抢劫的欲望。与此同时，黑斯廷斯手下的一些士兵一路逃到伦敦，无意中散布了爱德华被击败的谣言。

5. 叛变的呼喊声

牛津的部队对蒙塔古士兵的开火非常恼怒，他们立马断定蒙塔古已经倒戈了。空中响彻着叛变的喊叫声，兰开斯特家族军队中谣言四起，说部分军队已经投靠了约克家族。这件事大大地影响了兰开斯特家族军队的士气。

2. 牛津击溃了黑斯廷斯的军队

在牛津伯爵约翰·德·维尔的领导下，约克家族军队从正面和侧面袭击了威廉·黑斯廷斯勋爵率领的兰开斯特家族军队的右翼。牛津强大的军队击溃了黑斯廷斯的士兵，他们向南逃到了巴尼特。牛津手下的士兵穷追不舍，杀死了许多兰开斯特家族士兵。

爱德华的孩子们

画家：保罗·德拉罗什

这幅19世纪的历史场景描绘了被囚禁于伦敦塔里的爱德华五世和他的弟弟舒兹伯利的理查。德拉罗什在1831年的巴黎沙龙上展出了这幅油画，反响剧烈，取得了巨大的成功。两位王子的失踪之谜引起了法国观众的共鸣。因为40年前，路易十六（Louis XVI）的幼子路易·查理（Louis Charles）也曾被监禁、虐待。

王冠争夺战

在一个篡夺者和阴谋诡计横行的时代，
图克斯伯里战役似乎敲响了玫瑰战争的丧钟。

作者：德里克·威尔逊

1471年5月4日破晓，约克公爵爱德华知道自己的机会来了，绝不能错过。太阳照射到北方2.5千米外的图克斯伯里修道院的塔上时，他集中精力研究了兰开斯特敌军的作战计划。他们的防守很牢固。中间的地面是一块块田地和灌木林，其间有树篱和狭窄的小路。正面进攻可能比较困难。更糟的是，敌军左边有一大片树木，指挥官可以利用它们来包抄他。爱德华的第一步是安排200名骑马的长矛兵，提防对方从该地区突袭。公爵和他的大臣们都在祈求上帝、圣母玛利亚和圣乔治赐予他们胜利，把英格兰从疯狂的国王亨利六世、好战的王后玛格丽特和他们17岁的继承人爱德华王子的统治下拯救出来。然后，他大展旗帜，吹响号角，直接扑向敌人。

经过11年相对和平的统治之后，爱德华会如何再次投身战场？国王获得王位在很大程度上要归功于沃里克，他也认为自己功不可没。但爱德华决心要"自己做主"。当沃里克正忙着为国王安排一场外交婚礼时，爱德华已经秘密地娶了美丽的伊丽莎白·伍德维尔，她的家人曾站在沃里克的敌对一方。沃里克与伍德维尔家族曾有私人恩怨，他认为这个家族是缺乏教养的暴发户。看到伊丽莎白和她的亲戚们统治着王室，沃

▲ 爱德华王子在战争中被杀，成为唯一一位在战场被杀的英格兰王位继承人

▼ 安茹的玛格丽特被俘后在伦敦被游街示众

里克忍无可忍。沃里克赢得了爱德华弟弟——克拉伦斯公爵乔治的支持，并与玛格丽特密谋恢复亨利六世的王位。

1470年，沃里克率领英法联军入侵伦敦，爱德华被迫逃往国外。现在轮到他去外国寻求支持了。克拉伦斯临阵倒戈，在其支持下，爱德华重返英格兰。4月14日，他在巴尼特战役中击败并杀死了沃里克。最后的决战在图克斯伯里进行。

玛格丽特和儿子爱德华王子在巴尼特战役的同一天登陆韦茅斯港（Weymouth），几天后，他们才得知沃里克的死讯。由于无法获得伯爵军队的支持，他们考虑返回法国。主要由于爱德华的坚持，玛格丽特王后才决定前往威尔士，希望在那里与来自威尔士公国、柴郡（Cheshire）和兰开夏郡的支持者建立联系。爱德华国王也不得不突然改变计划。巴尼特战役之后，他把大部分军队都解散了；如今他不得不重新招募兵力，

以追击兰开斯特家族。

玛格丽特的军队得到了萨默塞特公爵和德文郡伯爵的支持。人们对她的军队规模做出了各种各样的估计，但据说她手下有4000到6000名武装人员。兰开斯特家族军队尽可能以最快的速度前进，但是他们前进的速度是由一些巨大的铁炮决定的，那些炮必须由几队公牛拖着走。最后，他们不得不放弃了一些大炮，后来为约克家族军队所得。兰开斯特家族军队的直接目标是塞文河（River Severn），为了与盟友会合，他们必须渡过这条河。玛格丽特侦察到国王的情况后，派遣了武装小分队朝其他方向前进，以隐瞒她的真实意图。在距离布里斯托尔东北19千米的索德伯里山，发生了一次小冲突，国王损失了几名士兵和宝贵的时间。但他现在才意识到，敌军正在向格洛斯特所在的方向前进，那儿是最近的渡口。他派信使通知该市的军长，命令他关闭城门，禁止兰开斯特家族军队进入。因此，玛格丽特被迫再次改变计划。她应该迎面反击，还是让已经疲惫不堪的士兵再行军25千米，到达塞文河上游的厄普顿渡口呢？她决定选择后者。5月3日下午4点左右，她抵达了图克斯伯里，开始扎营。洛尔德河附近有一个浅滩，但这个浅滩很小，如果试图渡河，兰开斯特家族军队就可能会被分成两支部队，一边一支队伍。天气十分炎热，军队又缺乏水和食物。玛格丽特现在唯一可行的策略就是找到一个好的防御位置，等待敌人的到来。

▲ 图克斯伯里战役后不到三个星期，亨利六世便死了
▼ 情况很快变得很明朗：尽管兰开斯特家族军队在人数上占优势，但此处复杂的地形却对约克家族军队十分有利

玫瑰战争
兰开斯特家族与约克家族之间的拔河比赛

1455年5月22日
第一次圣奥尔本斯战役
第一次交锋只是小规模的冲突,但玛格丽特王后的军事首领萨默塞特公爵在冲突中阵亡,为约克的理查重新担任护国公铺平了道路。

1460年12月30日
韦克菲尔德战役
兰开斯特家族拒绝了约克让自己儿子继承王位的要求,并派军队袭击了约克的要塞桑德尔城堡。理查在战斗中阵亡。

1461年3月29日
陶顿战役
这场在英格兰国土上展开的最血腥、最持久、最势均力敌的战役,证明了约克的爱德华的军事才能,迫使亨利六世逃亡。

1470年9月13日
沃里克的入侵
沃里克和克拉伦斯笼络了几位对爱德华四世失望的贵族,后来爱德华四世逃往荷兰。亨利六世复辟。爱德华王子迎娶了沃里克的女儿。

1471年5月4日
图克斯伯里之战
爱德华重返英格兰并在巴尼特战役中杀死了沃里克,然后迅速阻止了玛格丽特的军队到达威尔士。爱德华王子阵亡。后来,亨利六世也被谋杀。

1483年4月9日
爱德华五世继承王位
爱德华四世去世后,他年仅12岁的儿子成为了国王。格洛斯特的理查获得对年少的国王及其弟弟的监护权。

1483年5月至7月
理查三世加冕
理查将爱德华四世之子们关在伦敦塔内,解除了他们主要的伍德维尔家族亲戚的职权,并于7月6日加冕。议会通过了《王室权利法案》,确定了理查的权利。

1485年8月22日
博斯沃思战役
亨利·都铎与法军一起登陆威尔士,与理查的敌人会合,在博斯沃思击败并杀死理查,成为亨利七世。

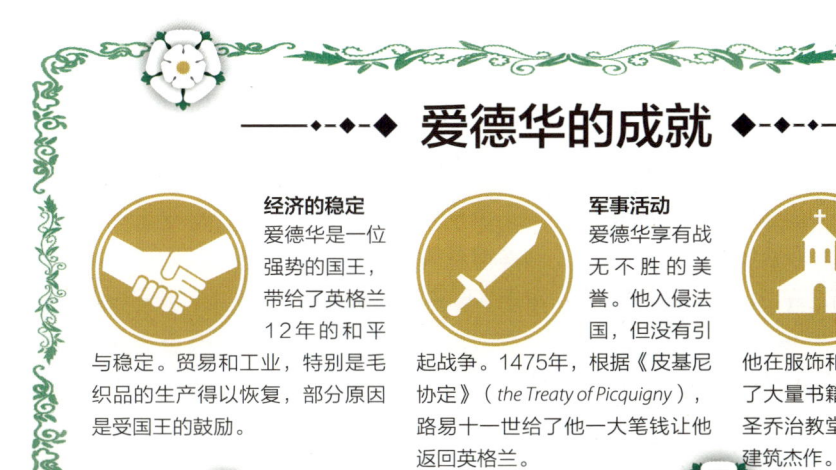

爱德华的成就

经济的稳定
爱德华是一位强势的国王，带给了英格兰12年的和平与稳定。贸易和工业，特别是毛织品的生产得以恢复，部分原因是受国王的鼓励。

军事活动
爱德华享有战无不胜的美誉。他入侵法国，但没有引起战争。1475年，根据《皮基尼协定》（the Treaty of Picquigny），路易十一世给了他一大笔钱让他返回英格兰。

光彩夺目的宫廷
爱德华的宫廷被称为"基督教王国中最富丽堂皇的宫廷"。他在服饰和珠宝上挥霍无度，收藏了大量书籍，还在温莎城堡建造了圣乔治教堂，这是一座垂直哥特式建筑杰作。

　　爱德华的军队同样疲惫不堪。为了赶上敌军，他们不得不走得更快更远。国王不断地严令他们急行军，中间只做短暂休息。但他确实有优势，即他率领的大多数士兵都是骑兵。翌日早晨，当他到达时，发现兰开斯特家族军队已经严阵以待。萨默塞特公爵统率军队，在两条溪流之间的斜坡地带将军队分成了三支"战斗队"，他自己指挥右翼。爱德华王子率领中军，由经验丰富的温洛克勋爵（Lord Wenlock）和约翰·隆斯特拉瑟爵士（Sir John Longstruther）为其出谋划策。左翼由德文郡伯爵率领。爱德华和其母亲则在队伍中间穿梭，鼓舞士气。随后，玛格丽特退到附近的修道院等待战斗的消息。

　　国王别无选择，只能在400米高的险峻地形上，让自己的军队以类似的队形对阵敌人。爱德华坐镇中军，小心翼翼地盯着克拉伦斯公爵，因为近来他常常叛变。爱德华的右边是黑斯廷斯勋爵率领的队伍，左边是国王的弟弟，格洛斯特的理查。战斗开始时双方互相炮轰对方并互相发射一阵阵箭雨，目的是让对方丧失斗志，但这种轰炸压根没有什么效果。

　　约克家族军队继续推进，但萨默塞特却采用了见缝插针的战术，意图从侧翼包抄敌人。他发现了国王左翼的防御弱点，试图突袭格洛斯特率领的分遣队。按计划，萨默塞特在约克家族的左翼中制造混乱时，温洛克将向中军发起进攻。这个计划的失败有两个原因：爱德华已经预见他暴露的左翼可能面临危险，便派出200名长矛兵去阻止兰开斯特家族的进攻；格洛斯特把自己的部队调过来直面进攻。接着，第二场灾难爆发。当约克家族军队集中在左边交战时，温洛克应该发起正面进攻。不知为何，他没有这样做。这给了敌人时间从最初的混乱中恢复过来，转向左翼以填补队伍中的空缺。国王派骑兵进攻已溃不成军的萨默塞特军队。许多人被砍倒的那片地现在仍被称为"血腥草地"（Bloody Meadow）。据77年后发表的一篇报道称，萨默塞特怒不可遏，当即与温洛克对质，用一把战斧砍得他脑浆迸裂。剩下的兰开斯特防线此时已经瓦解。国王的敌人四处逃窜，许多人被追杀，还有一些人在试图横渡图克斯伯里的埃文河时淹死了。幸存的兰开斯特军队首领要么在逃跑时被杀，要么在审判后被处以极刑。克拉伦斯发现了爱德华王子，也许是为了表现他对自己兄长重新建立的忠诚，他当场将王子杀了。

那天，兰开斯特家族继承人之死是最重要的结果。直到此时，亨利六世一直被关在伦敦塔作为人质。现在，他对爱德华四世而言已经毫无用处。5月21日爱德华胜利返回伦敦时，亨利六世就被杀了。亨利五世的兰开斯特直系已不复存在。有一个14岁的男孩，亨利·都铎，他是亨利五世遗孀的后裔，但他对王位的要求让人难以信服。在那场战役之后，他逃到了布列塔尼（Brittany）。爱德华以为他可以通过和布列塔尼公爵谈判来解决这一"遗留问题"，但事实证明，这一决定让他付出了惨痛的代价。

英格兰的新国王正是这个国家所需要的。他与前国王之间的对比再明显不过了。一位法国评论家这样评价爱德华四世："我从来没见过比他更英俊的人。"另一个人赞扬国王对国家"公众利益和政府的奉献"。他和蔼可亲、平易近人。但他的自我意志十分强大，表现在过度放纵和冷酷无情上。中年时，爱德华四世开始发福，可能是他不健康的生活方式导致了他41岁便英年早逝。国王不顾他人感受赐予他的妻子一家——"暴发户"伍德维尔家族——大量的财富和头衔，招致了贵族和他自己亲属的忌妒。1478年，他在伦敦塔里谋杀了自己的弟弟克拉伦斯公爵乔治。他的另一个弟弟，格洛斯特的理查不认可爱德华的生活方式和他的姻亲。国王死后，他便迫不及待地肃清了爱德华在宫廷内的亲朋好友。

▲ 战争结束后，寻求庇护的兰开斯特贵族们被约克家族士兵从教堂里拖出来处死

兰开斯特家族（蓝色）占据了图克斯伯里以南的地区，部署了三支"战斗队"。约克家族（红色）以同样的队形迎战敌人。最初的炮轰和一阵阵箭雨攻击未能攻破兰开斯特家族的军队。

萨默塞特公爵对约克家族左翼发动了进攻，部署在森林中的军队正是用来对抗兰开斯特家族的进攻。负责约克家族左翼的格洛斯特的理查转而与萨默塞特交战。

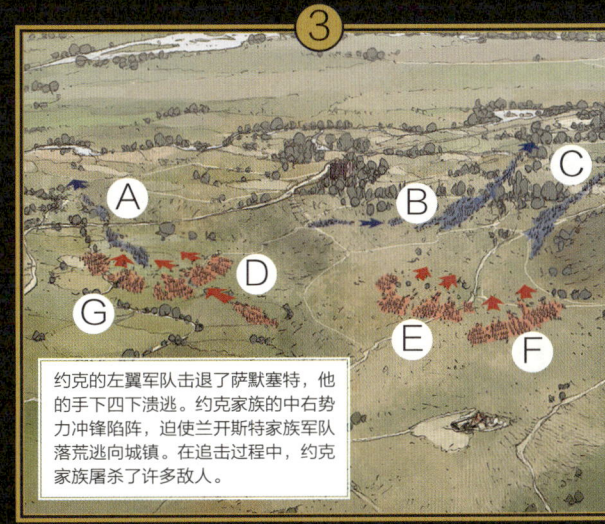

约克的左翼军队击退了萨默塞特，他的手下四下溃逃。约克家族的中右势力冲锋陷阵，迫使兰开斯特家族军队落荒逃向城镇。在追击过程中，约克家族屠杀了许多敌人。

击溃敌人

约克的爱德华将一次偶然的胜利
转变为永久胜利的基础

作者：德里克·威尔逊

在混乱的巴尼特战役之后，"天佑暴力"很可能成为了爱德华四世的座右铭。在那之前，宽宏大量的精神一直侵蚀着他的精力和决心，这种改变不单纯由实用主义所引起，还有被废黜和被迫流亡海外的经历，加上对沃里克和克拉伦斯背叛行为的怨恨，让他深刻地认识到一个事实：任何事情都不能留有余地。

战斗刚结束，兰开斯特家族试图趁迷雾逃跑，沃里克就被抓住了，而且很快就被追兵处死。爱德华紧急传令，要求留沃里克一命，但他来得太晚了。历史学家对他想免沃里克一死的动机看法不一：有些人认为爱德华希望和解；另一些人认为，他希望留下这个叛徒以便公开处决，这样的羞辱可以满足爱德华复仇的渴望，让所有人确信沃里克确实死了。然而，他如今只能满足于将沃里克伯爵曝尸于圣保罗大教堂三日。

这位胜利者现在正享受着伦敦群众的支持，他把亨利六世牢牢地锁在伦敦塔里，也许是希望有一个喘息的机会，以便谋划下一步的行动。国王开始解散军队。然而，玛格丽特王后的行动阻止了他。在法国国王的帮助下，玛格丽特带着儿子——兰开斯特家族的继承人爱德华王子

▲ 图克斯伯里战役后,萨默塞特公爵被斩首

▲ 1471年1月9日，爱德华四世给布列塔尼公爵弗朗西斯（Francis, Duke of Brittany）的一封信，请求弗朗西斯帮助自己夺回王位

返回英格兰。他们率领着一支军队前往威尔士，希望从兰开斯特家族的支持者那儿增强自己的军事力量。

直到处理掉所有王位争夺者，约克王朝才有可能算是获得完全的胜利。因此，爱德华开始穷追不舍。他决定在对手越过塞文河之前发动战争，于是派人到格洛斯特（主桥）封闭城门。

玛格丽特军队前往了塞文河上游的厄普顿大桥。她和她率领的疲惫不堪的军队一直行至图克斯伯里，这时她意识到必须让队伍停下来休息。玛格丽特在人数上略占优势而且可以选择战场，但她在个人魅力和战略战术上无法与爱德华四世匹敌。这位约克家族首领不仅取得了胜利，还收获了爱德华王子阵亡这一额外好处。亨利六世的几位重要支持者也被杀害，但他们中的许多人都幸存了下来，继续对约克家族的统治构成威胁。

其中包括自称为萨默塞特公爵的埃德蒙·博福特（其兄长亨利于1464年被处死），他到图克斯伯里修道院寻求庇护，他的所有土地和头衔也都因一项未被撤销的《褫夺公权法案》（Act of Attainder）而遭到没收。几天后，爱德华让人把他们拖了出来，强行审判并砍头。回到伦敦后，他同样很快地处置了被关在伦敦塔的那位王位争夺者。1471年5月21日，就在爱德华返回首都的当天，亨利六世在塔内被谋杀了。他的妻子安茹的玛格丽特，被体面地囚禁了四年半。她再也不会构成威胁，但在爱德华与法国国王交涉时，她却是一名有用的人质。

至此，王位争夺战仍未结束。当爱德华忙于西部事宜时，沃里克的表弟托马斯·内维尔（Thomas Neville），也就是福康伯格的巴斯塔德（Bastard of Fauconberg），在肯特（Kent）招募了一支军队，并逐渐壮大，向伦敦进军。尽管遭到猛烈的轰炸，伦敦还是坚守了下来，仍然忠于国王。爱德华没有挑战，而是袭击了三明治镇，福康伯格的船只和物资都集中在那

国王赐予王后姻亲的好处越多,与其他大臣的分歧就越大。

里。然后他继续追击巴斯塔德,并在南安普顿将其抓获。

爱德华没有当场处决他,而是决定把这次抓捕变成一次重大的政变宣传。他将这个俘虏带到约克郡的米德尔汉姆城堡——一个内维尔家族的重要据点,并在那里公开斩首。巴斯塔德的头颅随后被送往伦敦,挂在伦敦桥上。

爱德华认为游行示威是不可或缺的,因为兰开斯特家族不会甘心认输。对于顽固派来说,爱德华是篡位者。他意识到全国各地的贵族家族中都有自己的敌人,周围的人也都可以对王位提出要求,不管是真是假。这可能是他选择伍德维尔家族陪伴在自己身边的原因之一,这些人都是他培养的,不会效忠其他人。

人们很容易把爱德华统治的这最好的12年(1471—1483)看作和平与繁荣的年代。从许多方面来看,这些年确实如此,但这位在黑暗和血腥的混乱之后沐浴在阳光下的国家统治者,总是在暗中窥视,看可能隐藏着什么。这就解释了为什么爱德华四世像两面神杰纳斯一样:一副面孔和蔼可亲、平易近人,随时准备和解;另一副面孔狡猾奸诈、残忍无情。

埃克塞特公爵亨利·霍兰德的命运就是一个例证。冈特的约翰的曾孙娶了爱德华的妹妹约克的安妮,然而,虽然亨利与爱德华之间兄弟之情不是一点儿没有,但他却仍然效忠于兰开斯特家族国王。他参加了几场"玫瑰战争"战役,陶顿战役之后,他跟随安茹的玛格丽特到处流亡。于是,亨利与约克的爱德华彻底决裂。他所有的土地都被没收,婚姻被宣告无效。他还差点儿死于巴尼特战役,但很快就恢复了健康,并与国王讲和。

▲ 克拉伦斯公爵乔治,爱德华四世的弟弟,后来被处死了

爱德华显然已经接受了亲戚改变立场。1475年他远征法国时，霍兰德已经在英军中占有一席之地。在穿越海峡的返回途中，霍兰德"从船上掉了下去"。没有证据表明国王与这一不幸事故有牵连，但这个遗留问题也终于解决干净。爱德华不太可能会流泪。

这一故事与克拉伦斯的悲剧有些相似之处。英格兰社会的分裂不仅存在于白玫瑰派和红玫瑰派之间，家族分裂最严重的莫过于国王。怨恨、争斗和冲突的野心扭曲了爱德华和其兄弟姐妹之间的关系。也许乔治、理查、伊丽莎白和玛格丽特之间唯一的共同点就是对伍德维尔一家的憎恨。爱德华给予其姻亲的好处越多，他和兄弟姐妹之间的裂痕就越大。

克拉伦斯公爵乔治比国王小七岁，他注定要生活在爱德华的阴影下。更糟糕的是，伊丽莎白·伍德维尔之子继承王位后，他还注定要生活在爱德华继承人的阴影下。企图造反的沃里克成

《皮基尼协定》

用一场徒劳无益的战争换取了不光彩的和平吗？

1453年，英格兰在百年战争的最后一场战役中失去了富饶的加斯科尼省的管辖权，因此，爱德华一直致力于挽回这一羞辱。与兰开斯特家族的长期冲突让他无法认真制定外交政策。直到1473年，在经历了几次修改方案之后，国王才经过议会同意，获得了一笔拨款，能够发动一次重大战役。

爱德华与勃艮第的大胆查理和布列塔尼的弗朗西斯二世签订了联合入侵路易十一世领土的条约，目的是恢复金雀花王朝对法国的宗主权。爱德华集结了多年来规模最大的英格兰军队，严格遵守承诺，但他的勃艮第盟友却并非如此。查理没有按承诺提供自己的军队配额，而让爱德华独自面对强大的法国军队。

路易立即利用了爱德华的困境。当这位英格兰国王正在与他的将军们商议时，有"蜘蛛路易"和"狡猾的路易"之称的路易十一世利用闪闪发光的金子使爱德华头晕目眩。他承诺会给爱德华一大笔钱，让他离开，爱德华信了。他同意放弃法国王位，条件是预付给他75000克朗，加上一笔50000克朗的养老金。

1475年8月，双方在皮基尼签署了一项条约。5个月之后，爱德华将安茹的玛格丽特移交给路易，又得到50000克朗。这极大地充实了国王的财政，使他能够在剩余的统治时间里不用经过议会同意就推行自己的政策。但是，这是以他的声誉为代价的。评论家们称，这位伟大的英格兰勇士之王已经"变得软弱"，这一观点得到格洛斯特的理查的支持，他拒绝成为签约方之一。

功地挑拨了国王与其兄弟之间的关系，使二人反目成仇。1469年，乔治娶了沃里克的大女儿伊莎贝尔为妻，跟其岳父一道支持兰开斯特家族事业。有消息传开，说爱德华是非婚生子，乔治才是约克家族正宗的王位继承人。沃里克任命克拉伦斯为排在亨利六世儿子之后的第二顺位继承人。然而，没过多久，乔治就看穿了岳父的阴谋，甚至在沃里克死于巴尼特战役之前，他就与国王和好了。

但是，两兄弟并没有真正回到从前的状态。克拉伦斯对兄长怀恨在心，他对已故岳父的财产分配不满意，认为国王仍然在惩罚他曾背叛自己投靠了沃里克。无论真假，两兄弟之间的关系不断恶化。1476年12月，伊莎贝尔去世，克拉伦斯确信她是被国王下令毒死的。他叫人把那个据说是给伊莎贝尔送毒酒的侍女带到沃里克，在那里，一支被收买的陪审团确认了她的罪行，并立即将其绞死。爱德华对这一蛮横行径怒不可遏，

▶ 百年战争期间，英格兰人在阿金库尔战役中的胜利十分辉煌。爱德华四世曾试图重新发动战争

宫廷内谣言四起

无论我们喜欢与否，流言蜚语、谣言影射都是历史学家所能获得的资料来源，我们有义务调查那些历史资料，因为其中可能有一些真实性。爱德华统治后期，有一则盛传的流言称他是非婚生子。这则流言的细节骇人听闻，谣言称：爱德华是约克的理查的妻子塞西莉·内维尔和一个名叫布莱伯恩（Blaybourne）的普通弓箭手的非婚生子。人们给出了两项主要证据。

首先，高大英俊、气度不凡的爱德华与理查截然不同：理查肤色黝黑，个头相对矮小。其次，塞西莉怀上爱德华时，理查正远征在外，离妻子很远。

1483年，多米尼克·曼奇尼提出了另一个可能的证据。他说，塞西莉对自己儿子与伊丽莎白·伍德维尔的婚姻非常生气，她勃然大怒，扬言要把他的生父身份泄露出去。沃里克、克拉伦斯、理查三世和都铎王朝的历史学家波利多尔·弗吉尔（Polydore Vergil）都在不同时期散布这一谣言。

所有这些证人都能通过破坏爱德华的正统性来获得既得利益。换而言之，我们必须谨慎对待他们的证词。当然，这并不意味着他们在欺骗或撒谎。因此，我们必须验证这两项主要证据。爱德华与约克的理查长得不像这点很快遭到反驳，因为王室的其他兄弟姐妹，乔治和安妮也是高挑漂亮。

所以，我们回到了第二个问题："1441年7月下旬塞西莉怀上爱德华时，她和丈夫到底在哪里？"塞西莉在鲁昂（Rouen），7月14日至8月21日，理查在蓬图瓦兹（Pontoise），离鲁昂有几天的路程。因此，爱德华是非婚生子或早产儿，两者都完全有可能。这是已知事实所能告诉我们的最多信息。利益相关的党派，包括盲目拥护的现代历史学家，已经将其他信息（比如爱德华的受洗细节）编织到他们的编年史中，来支持他们自己的言论。不管这一切还告诉我们什么，都印证了这样一个格言：无论在15世纪还是21世纪，人们都倾向于相信他们愿意相信的东西。

▲ 内维尔家族的堡垒米德尔汉姆城堡的废墟

但更令人担忧的事件接踵而来。

父亲大胆查理去世后,玛丽继承了勃艮第富有的公爵领地。克拉伦斯想娶玛丽,但遭到爱德华的反对,于是二人彻底决裂。克拉伦斯离开了王室。不久之后,三名亡灵巫师因为用巫术"想象并促成"国王之死而受到审判。有消息称克拉伦斯是背后主使。爱德华终于忍无可忍。他下令将克拉伦斯关入伦敦塔,同时,他本人则敦促议会通过了《褫夺公权法令》。

尽管爱德华推迟了执行时间,但死刑是必然的。直到1478年2月18日,公爵才被秘密处死,但可能不像人们谣传的那样,被淹死在一桶马尔姆西葡萄酒里。

克拉伦斯死后的遗留问题之一是格洛斯特的理查日益增长的敌意。有确凿的证据表明,理查对爱德华处决了自己的兄弟极为不满。根据观察,一位名叫多米尼克·曼奇尼(Dominic Mencini)的意大利访问者在1483年写道,格洛斯特公爵"为他的兄弟之死悲痛欲绝……有人无意中听到他说,总有一天他会为自己的兄弟克拉伦斯报仇"。

理查把责任完全归咎于伍德维尔家族以及他们对国王的影响。爱德华决心让他的"自己人"维护王位以对抗贵族阶级的势力——他们的对抗已经破坏了国家的稳定,这一决定最终使他疏远了同族。王室家族内部的瓦解最终将导致约克王朝的彻底毁灭。

虽然这些事件正在使爱德华不正常的家庭生活变得更糟糕,但他仍旧对兰开斯特家族的活动高度警惕。1477年,一个自称是牛津伯爵约翰·德·维尔的冒名者现身剑桥,但实际上牛津伯爵早在1462年就被处死。同样,这一次躲在企图破坏他兄长统治幕后的还是克拉伦斯。

但真正的威胁来自于一个还活着的人,一个确实有资格继承王位的人,尽管他对王位的要求有点儿难以令人信服。里士满伯爵亨

▲ 伦敦塔不仅是一座王室宫殿,还关押过许多位高权重的犯人

利·都铎（Henry Tudor, Earl of Richmond）是亨利五世遗孀瓦卢瓦的凯瑟琳和她的第二任丈夫欧文·都铎之子。他还声称自己通过母亲——玛格丽特·博福特夫人（Lady Margaret Beaufort），继承了冈特的约翰的血统。14岁时，他在图克斯伯里战役后被赶出了威尔士的家。他的叔叔贾斯帕·都铎打算逃往路易十一世统治的法国寻求庇护，因为路易十一世是支持其族亲安茹的玛格丽特的。然而，逆风迫使这些逃亡者不得不先在布列塔尼海岸登陆。于是，年轻的亨利成了布列塔尼的弗朗西斯二世公爵（Duke Francis II of Brittany）的座上宾客，成了这场国际象棋中的一枚棋子。路易迫切地想要完全掌控过于独立的布列塔尼公国（Breton dukedom）。同时，爱德华四世正在考虑重新发动战争。因此，弗朗西斯二世公爵很有可能会将这位年轻的威尔士人移交给爱德华，从而获得对抗法国的军事援助。反过来，如果英法关系开始过于友好，弗朗西斯可能会威胁爱德华，表示自己将支持兰开斯特家族复辟而进军英格兰。

爱德华四世做了很多外交努力，想让里士满伯爵回来，但弗朗西斯非常狡猾，不愿放弃命运赋予他手中的有利棋子。因此，亨利便在布列塔尼寓居了14年，不仅在那里长大成人，同时还学习了许多微妙的治国方略。他的存在使约克家族国王无法清除所有潜在的兰开斯特家族势力。

于是，这位年轻的水上威尔士人亨利·都铎便成了国王越来越多政敌的希望。玛格丽特·博福特和她的朋友们一直认为，仍有可能会出现替代约克家族统治的局面。1483年，爱德华四世生了一场病，4月9日便病逝，将王位留给了他12岁的儿子。这让兰开斯特家族看到了希望。

伦敦塔里的谋杀

500多年前,两位年轻的王子失踪,这引发了历史上最具争议的谋杀谜团之一

作者:弗朗西斯·怀特

那是一个温暖惬意的夏夜，在伦敦塔漆黑蜿蜒的走廊上，约克的两位年轻王子爱德华和理查睡得正香。银色的月光从一扇高高的窗户洒在他们金色的头发上，四周一片寂静。他们躺在床上睡得很熟，手紧紧地抓在一起，互相慰藉。当门"嘎吱"一声打开时，他们几乎没有动弹。一个人影从门口蹑手蹑脚地溜了进来。他轻手轻脚地拿过一个羽绒枕头，慢慢地走到床边，然后猛地向前扑去，将枕头紧紧地捂住兄长的脸，直到他停止呼吸。然后，他又转向年纪较小的孩子。几分钟后，事情就办完了，那个身影又溜回黑暗中，消失得无影无踪。1483年末，这个传言开始在英格兰盛传，一传十、十传百，最终变成事实为大家所接受。德高望重的历史学家们将其重新叙述，莎士比亚的《理查三世》令其广受流传，经典不朽。但是，这个谣言是从哪里开始的呢？真的是理查国王策划了如此骇人听闻的谋杀吗？两位王子之死对谁有好处呢？好处有多大？

英格兰王位的继承从未像15世纪那样岌岌可危，充满不确定性。自1154年以来，英格兰王位一直属于金雀花王朝，但1377年爱德华三世去世后，留下了许多儿子，他生前曾赐予这些儿子公国爵位和封地。这就产生了一批贵族，他们都对王位有继承权，只是远近不同。亨利四世是爱德华三世的第四个儿子之子，他废黜了理查二世，很有可能是通过谋杀到达了权力的顶峰，他还建立了兰开斯特家族，在此过程中树敌无数。这条统治之路似乎很稳定，但由于其孙子亨利六世的无能，玫瑰战争爆发了。这场战争成就了首位约克家族国王爱德华四世的最终继位，但他对王位的掌控却一直岌岌可危。

尽管政局动荡，但是与前任国王的统治能力相比，爱德华四世还是更胜一筹，他设法有序地统治了英格兰。然而，1483年他突然去世，留下他12岁的儿子爱德华继承王位，之前的一切都

谋杀倒计时
王子们消失前的最后行踪

● **1483年4月9日**
国王去世
爱德华四世患了一场急病，不久就去世了。他的死因是一个谜：谣传可能是中毒，也可能是伤寒。

● **1483年4月24日**
最后一次旅行
爱德华四世之子爱德华五世和王室一行离开勒德洛的家，前往伦敦参加自己的加冕典礼。

● **1483年5月4日**
王室入城
爱德华和他的叔叔格洛斯特的理查进入首都。他们受到市长和数百位市民的欢迎。

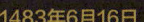

● **1483年5月19日**
最后的居所
爱德华搬进了伦敦塔，通常国王加冕前都居住于此。

● **1483年6月16日**
兄弟团聚
此前，爱德华和他的母亲，以及同父异母的兄弟躲在威斯敏斯特的避难所。在格洛斯特公爵的请求下，理查与兄长相聚了。

● **1483年6月22日**
新国王
神学家拉尔夫·肖（Ralph Shaw）在布道中宣称：爱德华四世的所有孩子都是非婚生子。三天后，理查被宣布为国王。

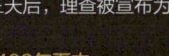

● **1483年夏末**
最后一次公开现身
孩子们被关至塔楼的内室，看到他们的机会越来越少。到夏末，人们推测他们可能已经死了。

几个世纪以来，对凶手的调查一直让学者们困惑和好奇。

毁于一旦。这种情况并非前所未有。以前，年幼的继承者们通常是在摄政王的指导下"统治"国家，但有这么多准继承人盯着他，少年治国当然不够理想。爱德华五世个性独立，他比实际年龄成熟得多，而且一直准备成为国王，但在成人的世界里他还只是个孩子。没过多久，人们便利用他脆弱的地位为自己谋利。

当爱德华和他的弟弟舒兹伯利的理查在伦敦塔里一起等待自己的加冕典礼时，他甚至还没来得及坐上王位，王位就已经被硬生生地夺走了。他父母的婚姻被宣告无效，因为据说爱德华四世事先已经和另一人订了婚；这样一来，他和伊丽莎白的孩子，包括年幼的爱德华都被称为非婚生子。人们认为非婚生子德不配位，不能继承王位，所以王位落到了下一位合法继承人的手中，即他的叔叔理查三世。从此，两位王子的命运逐渐变成神话和传说。据说，他们最后一次露面是在1483年夏末，此后，就没有有关他们的记录了，也再没有看到他们出现在公共场合。很快就有谣言传出，说这两个孩子已经被谋杀了。除了失踪之外，没有证据表明两位王子已经遭到谋杀。但是，500多年来，对凶手的调查一直吸引并困扰着学者们。1674年，人们在白塔（人们怀疑白塔就是两位王子的葬身之地）附近发现了一只木箱，内装两具小孩骸骨。人们认为这些骸骨就是两位王子的遗骸，按照查理三世的指令将其埋葬在了威斯敏斯特教堂。然而，许多专家全然不信它们是两位王子的遗骸。

要确定杀死两位王子的"凶手"有一个难题：据说，那是一个谋杀频出的时代。那个时代里，谋杀和叛国行为猖獗，很多人都野心勃勃。犯罪嫌疑人不只是一个，而是一批，他们都有自己的作案动机。由于当时的作者都有自己所属的政治联盟，所以其叙述都不可靠，所有描述都与其他版本相矛盾。莎士比亚的戏剧使理查三世的形象广为人知，他驼背、诡计多端、没心没肺；为了保住王位可以杀害任何人，但这到底有多准确呢？理查要除掉这两位王子确实有自己的理由，但其他人要这样做也有自己的理由，甚至还有更多的人有理由要栽赃理查。

对于两位王子之死，理查罪责难逃，这种观点当时很普遍。是否恰恰是这种观点鼓励其政敌在大约500年前捏造了一个恶毒谣言？

▼ 理查三世会不会派了自己忠实的仆人詹姆斯·提利尔（James Tyrell）去谋杀自己的侄子们呢？

嫌疑人一号
理查三世

动机： 保住王位

动手机会： 理查三世完全可以掌控伦敦塔并有机会进入其中。

理查效忠自己的兄长多年，国王一去世，妒忌心强、野心勃勃的他便抓住机会，把王位据为己有。他首先解除他侄子爱德华五世的许多顾命大臣，继而将他们一一逮捕并最终杀害，声称这样做是为了保护其侄子爱德华。然后，他把爱德华和他的弟弟安置在伦敦塔，推迟了加冕仪式。两周后，他们被宣布为非婚生子，于是理查即

▲ 理查三世把两位年轻的王子从他们的母亲身边夺走时，是否就已经设计好他们的命运了呢？

位。虽然两位王子再无权继承王位，但是，只要他们还活在世上，就太危险了，所以理查让人把他们杀了。

如果情况果真如此，那么谁该对王子之死负责？但事实并非如此。严格地说，理查并不是非法继承王位的，是议会委员会要求他这么做的。在宣布两个男孩为非婚生子的《王室权利法案》一事中，理查只做了一件事，那就是接受该法案，这或许表明除了接受国王的角色之外，理查别无选择，否则他将面临王位继承的危机。

如果理查为了保住自己的王位确实谋杀了两位王子，那他为什么不将他们的死讯公之于众呢？他本可以轻而易举地声称他们死于疾病，但他没有这样做。面对威胁到自己统治的稳定、显然也影响到大众对自己在位的支持度的恶毒谣传时，他甚至没有承认两位王子的失踪。如果他的动机是加强对王位的掌控，那么他显然没有利用好自己创造的有利机会。

最重要的是，根本没有确凿的证据表明两位王子是被谋杀的。理查完全有可能命人把两个孩子送到国外，而这就是为什么他在面临谋杀指控时无法轻易让孩子们现身的原因。这也可以解释两位王子命运的不确定性和证据的缺乏。

要是理查是无辜的，那么至少得有一个人在撒谎，即詹姆斯·提利尔爵士。提利尔是理查三世的忠实仆人，理查三世一掌权，就赐予提利尔大量的头衔和奖赏。虽然提利尔效忠理查，但亨利七世加冕时，最初还是赦免了提利尔。不过，1501年提利尔因叛国罪而被捕并遭到处决。根据托马斯·莫尔的说法，经过一番"盘查审问"，提利尔承认是自己谋杀了两位王子。虽然我们只掌握了莫尔对此的说法，但事实上亨利国王和王后都参加了对提利尔的审判（这是一件非比寻常的事），表明提利尔确实承认了这件事。不管这是被酷刑逼供出来的还是确实如此，我们可能永远都不会知道真相到底如何了，但这却对他的主人理查影响巨大，在接下来的500年里，理查一直背负着谋杀的罪名。

嫌疑人二号

白金汉公爵亨利·斯塔福德

动机： 继承王位以及夺回失去的遗产

动手机会： 得到理查的命令或强行进入伦敦塔才有下手机会

在理查三世之后，白金汉公爵亨利·斯塔福德是最大的嫌疑人之一。白金汉与王位有千丝万缕的联系，但这些联系都是通过小儿子的女儿们建立起来的，所以他继承王位的机会不大。尽管他的家族在玫瑰战争中为兰开斯特家族而战，但他还是成为了爱德华四世的妻子伊丽莎白·伍德维尔的监护人。他娶了伊丽莎白的妹妹，但这段婚姻并不幸福。他认为娶一个下层阶级的女人是一种侮辱，所以从那时起他就憎恨伍德维尔家族。理查成为爱德华的监护人时，白金汉就在他身边。但是这位公爵从两位王子的死中究竟能得到什么呢？

有人认为，其中一个动机是白金汉看上了年收入1100英镑的博亨庄园（the Bohun estate）。白金汉从自己的高祖母埃莉诺·德·博亨（Eleanor de Bohun）那里继承了庄园财产，但是埃莉诺只得到了一半财产，所以白金汉也只继承了一半。埃莉诺的姐妹继承了另一半财产，最后嫁给了亨利四世。爱德华四世继承王位后，博亨庄园的财产就变成了王室财产，但白金汉公爵坚持认为这笔财产属于自己。

渴望夺回财产确实能解释为什么白金汉支持理查即位，但并不能解释他为什么要杀死两位王子，因为事实很简单：1483年7月，理查将遗产继承权授予了他，只需等待议会批准。

白金汉公爵另一个用于解释谋杀的动机就是野心。白金汉是理查的立王者，他一掌权就与理查结盟，并将理查推上王位。他和理查一样，也卷入了谋杀两位王子的案件中。在理查的加冕礼上，他捧着理查的裙裾，拿着理查的权杖，也许心里想着自己很快也会站在那个位置上吧。为了达到这个目的，他把理查推上王位，只为了看着

他倒台，伺机杀死了塔里的两位王子，不仅是为了编造针对理查的恶毒谣言，还为了清除他登上王位的第一块绊脚石。1483年秋天，他起兵造理查的反，最终导致两位王子之死。

许多人声称，白金汉公爵不是单独行动，他只是代表理查杀死了两位王子，而造反则是他对新国王幻想破灭的结果。人们无法证明白金汉公爵率兵造反时是出于愧疚、野心还是恶意。然而，奇怪的是，一个知道两位王子已经死掉的人竟然会率兵造反，并要求恢复他们的王位。

正是关于两位王子之死的谣言使得白金汉被亨利·都铎取代，成为造反者的首领。也许最奇怪的是，白金汉公爵被捕受审时，理查并没有指控他谋杀了两位王子。由于此时的白金汉已经任由他摆布，这将是一个绝佳时机将自己犯的谋杀罪嫁祸到他的头上，借此为自己洗刷罪名。可是，理查并没有这么做。

▲ 是理查三世和白金汉公爵合谋杀害了两位年轻的王子吗？

嫌疑人三号

诺福克公爵约翰·霍华德

动机： 要求获得其合法继承权

动手机会： 当时是伦敦塔的总管

霍华德是王室后裔中的又一个贵族：他母亲是爱德华一世的后代，他父亲是约翰国王的后代。他是约克王朝的坚定支持者，并被英王爱德华四世封为爵士。他一步一步地加官进爵，甚至在理查三世的加冕礼上获得为理查三世手捧王冠的殊荣。

仅仅因为霍华德对理查的支持还不足以指控他谋杀两位王子，而是其从理查的上位中显然获得的诸多好处使然。理查在位仅两天后，霍华德就得到了舒兹伯利的理查所拥有的田产和爵位。这些土地——"莫布雷遗产"（Mowbray Inheritance）——是理查的未婚妻死后作为"补偿"给他的。这意味着霍华德被剥夺了继承权，但根本没有得到任何补偿。

还有一个事实能支持这种说法，就是霍华德主动建议把理查和自己的兄弟一起关进自己任总管的伦敦塔里。他对理查三世也是忠心耿耿，甚至与自己的国王一道死于沙场。如果他不是单独行动来保护自己的财产，那么他与国王一起行动也不是没有可能——同意除掉这两个孩子既对自己有利，也可以借此得到他应得的东西。

霍华德似乎既有作案的手段，也有作案的动机，但仔细一想，其实这个说法就站不住脚了。霍华德并不是伦敦塔的全权总管，他属于副职，因此，不太可能在那里为所欲为。在这种情况下，我们不得不相信是理查允许霍华德进入了伦敦塔，但实际上他们的友谊并没有看上去那么好。霍华德的忠心更有可能是针对帮助他登上社会和政治阶层的约克家族，而不是理查本人。此时，对一个家族如此忠诚是一件很了不起的事情，而且如果认为这种忠诚可以共同承担谋杀嫌疑，那就有点儿说不过去了。

最应当受到质疑的是他的动机。如果他真的

觊觎王位者

尽管两位王子有可能被谋杀了，
但仍然有人站出来声称自己就是两位王子之一。

珀金·沃贝克（Perkin Warbeck）

1490年，沃贝克在勃艮第宫廷声称自己是理查，说由于年纪小，谋杀他兄长的凶手们放过了他，但要他发誓决不向别人透露自己的真实身份。他的声称得到了理查的姐姐，约克郡的玛格丽特的支持，他还得到了许多君主的支持，最著名的是苏格兰的詹姆斯四世。但听说国王的军队正在追捕他之后，他逃跑了。他最终被抓获，并在游街示众以杀鸡儆猴之后，被押到了伦敦塔。他与沃里克伯爵爱德华，也是爱德华四世和理查三世的侄子囚禁在一起。当1499年二人试图逃跑时，沃贝克被处以了绞刑。

兰伯特·西姆内尔（Lambert Simnel）

年轻的西姆内尔（Lambert Simnel）被一位名叫理查·西蒙茨（Richard Simonds）的牧师收养时，牧师注意到这名男孩长得与爱德华四世之子惊人的相似。西蒙茨计划把西姆内尔塑造成理查。然而，当他听说沃里克伯爵爱德华死于狱中后，便改变了自己的主张，宣称西姆内尔便是沃里克伯爵。由于约克家族已经策划了一场叛乱，西姆内尔便成了名义上的首领，并获得了爱尔兰的支持。然而，西姆内尔的军队被国王打败了。由于西姆内尔年纪尚小，国王便将其赦免，并让他在王室厨房听差。

霍华德主动建议把理查和他兄弟一道关在塔里。

想要自己的土地和头衔，他只需杀死现在的财产拥有者——舒兹伯利的理查即可。那么，他为什么还要杀爱德华五世呢？如果我们考虑到霍华德只有12天的时间除掉两位王子，即从理查到达伦敦塔到霍华德被授予遗产之间的这段时间，那么整个论点就站不住脚了。但据说，这天之后，还有人见过两位王子。因此，他真的没有理由杀了他们。

▲ 这个神秘人物会是杀人犯约翰·霍华德乔装打扮的吗？

嫌疑人四号

亨利七世

动机： 保住王位

动手机会： 成为国王后有机会进入塔内

当亨利七世觊觎英格兰王位时，他的要求根本没有说服力。几乎有30名贵族都要求获得王位，而且他们的要求都比他的更可信。他知道登上王位不会通过与生俱来的权力而获得，而是通过征服，而为了实现这一目标，他需要一些盟友。他发誓要娶约克的伊丽莎白为妻，她是爱德华四世的女儿，也是两位王子的姐姐。如此一来，他不仅有兰开斯特家族的支持，也获得了对理查的统治十分不满、被剥夺公民权的约克家族的支持。

然而，他成为国王并打算娶伊丽莎白时，遇到了一个问题：理查三世曾在《王室权利法案》中宣布爱德华四世的孩子是非婚生子。既然现在亨利是国王，那他就可以轻易地推翻这一主张，他也确实这么做了，甚至烧毁了《王室权利法案》所有的副本来否认这一法案存在过。虽然这使他的未婚妻恢复了合法性，但这也意味着两位王子是王位的合法继承者。亨利别无选择，他必须杀死两位王子，否则就会失去王位。这样一来，有人认为，这场谋杀并非像人们通常认为的那样发生在1483年，而是在1486年。

这一日期得到了提利尔供词的支持，因为他在1486年得到了亨利的两次赦免。这件事很奇怪，亨利后来宣布提利尔确实承认了谋杀，而且由于提利尔是理查忠实的仆人，所以亨利很容易把责任推到前国王身上。亨利还剥夺了两位王子的母亲伊丽莎白·伍德维尔的土地和财产。

众所周知，亨利曾努力清洗金雀花王朝的残余势力，但如果两位王子比人们先前认为的多活了三年，却从未有人提起过，这似乎极其不可

他必须杀掉两位王子，否则就会失去王位。

能。在其统治的早期,亨利不断面临着愤怒的约克家族的反叛;如果谋杀发生在亨利在位期间,很难相信约克家族中没有任何人指控他犯下这一罪行。而且,如果两位王子能活到那时,为什么理查三世在被指控谋杀后没有让他们现身呢?这将有助于挽回他的声誉,并可能平息叛乱,但他却没有这么做。同样的,就像伊丽莎白·伍德维尔同意亨利与她女儿的婚姻一样,如果她知道自己的两个儿子还活着,她就不太可能支持亨利的王位要求。最能说明问题的是,当两位王子的冒名顶替者出现时亨利的反应。珀金·沃贝克自称是小王子理查时,亨利非常担心,他甚至与法国讲和以防止叛乱。他十分紧张,不像兰伯特·西姆内尔假冒沃里克伯爵出现时自信的样子,因为亨利知道伯爵被关在塔里。这有力地表明了亨利不知道两位王子发生了什么事。由于亨利14岁时就离开了英格兰,直到博斯沃思战役后才回来。因此,较之于大多数人,亨利很可能对两位王子的命运知之甚少。他从未就此指控理查犯有谋杀王子之罪。为了王位,亨利只能推定并希望两位王子已经死了。

一个致命的谣言

亨利七世的母亲玛格丽特·博福特是另一个与谋杀案有关的名字,但有一种观点更令人信服:虽然她没有杀死他们,但是她开始传播理查杀害两位王子的谣言。由于博福特十分关注儿子的利益,她得到了伍德维尔和白金汉的帮助,发动了秋季叛乱,并将自己的儿子推上了王位。两位王子之死的谣言以及理查与此事有关联无疑引发了多米诺骨牌效应,成就了亨利七世的统治时代。这很可能都归功于玛格丽特·博福特,她作为最终的幕后推手,暗地里损害理查的名声并促使人们都倒向她儿子这一边。

◀ 莎士比亚重述的谋杀之谜有什么真实性吗?

英格兰迷茫的国王
——理查三世

这位金雀花王朝的最后一位国王是圣人还是暴君?
真相要复杂得多……

作者:德里克·威尔逊

何谓国王或女王?这个问题根本没有简单的答案,或者更确切地说,答案多种多样,而且不断地变化。在评价个别统治者时,牢记这一点很重要。只有在一个时代的信仰和观念基础上,才能对统治者进行公正的评估。我们需要问的两个基本问题是,"这位统治者认为自己应该做什么?""他们的臣民认为他或她应该做什么?"

具有讽刺意味的是,几个世纪以来,一些关于何为好国王最激烈的争论,一直围绕着英格兰历史上一千年里统治时间最短的君主的名声。爱德华五世、简·格雷夫人(Lady Jane Grey)和爱德华八世(他们都曾被宣布为国王或女王,但从未加冕)除外。后世的评论家们从道德制高点看待这一历史时,对其不切实际的奉承或谩骂谴责,让理查三世的声誉遭受了前所未有的打击。理查被贴上的标签有:一位遭政敌恶意诽谤的开明君主和一名野心勃勃的儿童杀手。然而,他只统治了777天。我们没有足够的证据来断定金雀花王朝的最后一位国王是否是位好国王,甚至无法确定,如果给他更多统治时间,他会是一位什么样的国王。然而,他跌宕起伏、血腥悲惨的统治生涯可能会让我们意识到一个更重要的问题:在中世纪英格兰的最后岁月里,统治者和他们的臣民是如

劳斯画卷

历史学家约翰·劳斯（John Rous，死于1491年）是沃里克市附近一个小村庄盖斯克里夫（Guy's Cliffe）的一名教堂牧师。他花了大量的时间制作作品来纪念沃里克市的捐助者，并用他们的纹章来阐释自己的作品。这张华丽的羊皮纸卷不是一个人的作品，而是"由沃里克的约翰·罗斯大师（Master John Rows of Warrewyk）于大约1483年辛苦完成的"。这幅画描绘了管理着英格兰、威尔士、爱尔兰和法兰西等地的理查、他的王后和他的儿子爱德华王子，以及白野猪和沃里克熊。

何理解"王权"的？

1452年，理查出生于北安普顿郡的福瑟林费堡（Fotheringhay Castle），这是一块不祥之地。被亨利八世遗弃的王后阿拉贡的凯瑟琳就是在这里度过了自己的余生，苏格兰王后玛丽的死刑也在这里执行。当然，这些事都发生在距当时遥远的未来，但是15世纪中叶，英格兰王室也有自己的问题。玫瑰战争开始时，理查还是个婴儿，他可能永远也不知道一个完全和平的英格兰是什么样子。到他33岁去世时，兰开斯特家族和约克家族之间已经发生了16次重大战役和小冲突。从理论上讲，这些冲突是由王位继承合法性引起的，因为英格兰的主要土地所有者都支持他们认为最有说服力的王位继承人。当然，其实这一系列战争的原因要复杂得多，涉及家族和封建关系、经济纠纷、土地所有权和领土。许多参与者为了追求个人利益而多次改变立场。这些混乱年代的战斗不能被看作为英勇无畏的战斗——士兵们冲锋陷阵，勇敢地挥舞着纹章旗帜。英格兰处于无法治理的无政府状态，其各个社会阶层的

理查开始着手消灭所有真正的和假想的对手。

人都深受其害。

在英格兰的许多地方，都发生着骇人听闻的凶杀、抢劫、勒索、压迫和其他种种暴行、治理不善，要么是有权有势的人干的，要么是那些仗势欺人者干的，他们的恶行至今仍未受惩罚，以致近来还有许多人惨遭杀害……1459年，国会下议院在罗图利议会（Rotuli Parliamentorum）中抱怨连连，对王室法庭未能抵制贵族和恶霸们施加于自己的压力痛心疾首。英格兰需要强有力的领导，而这恰恰是它所没有的。

理查7岁时，他的父亲在韦克菲尔德战役中阵亡，他的一个兄长在战争结束后被处死。他被偷偷地带出了英格兰，到了勃艮第的一个避难所。兰开斯特家族的胜利是以亨利六世的名义取得的，但比起国王，他更适合做修道士。约克家族现在的希望都集中在理查的大哥爱德华身上，但和亨利相比，他会是一位更好的国王吗？只有时间才能证明。在又经历了11年起伏不定的战争生涯后，爱德华才得以稳稳当当地登上英格兰王位。他把对手关在伦敦塔并置于死地。由于亨利的继承人威尔士亲王爱德华在战斗中被杀，于是爱德华四世便可以宣称上帝已经为约克王朝的统治正名，通过战争的胜利确定了王朝的合法

▲ 白金汉公爵在邀请理查三世接受英格兰王位

▲ 1485年，安妮·内维尔的死显然给理查三世带来了巨大的痛苦

性。爱德华是凭借神权和民意称王的。他的身材和人格魅力都很"高大"。他几乎有两米高，魁梧的身材与这惊人的身高相称，而且在这位君主身上，既有凶猛勇士的气概，又有举止优雅、善解人意的气质，这些特质罕见地结合在一起。理查现在是格洛斯特公爵，是王位的第二顺位继承人，仅次于其兄长克拉伦斯公爵乔治。

兰开斯特家族的事业仍在进行中，但其主张的合法性却悬于一线。兰开斯特家族推出的候选人亨利·都铎并非王室血脉，他是国王亨利五世遗孀的后裔，现在在布列塔尼过着朝不保夕的流亡生活。

1475年后，国王爱德华不再惧怕兰开斯特家族。他的征战生涯结束了，而健康状况也逐渐恶化。安全感并没有使爱德华表现出最好的一面。他充分放纵了自己的情感，纵情享乐，独断专行。他的健壮的体格渐渐变得臃肿起来。他整日流连于首都附近几处自己建造或扩建的豪华行宫之间。他从敌人那里没收的财产，以及为了填充国库和遏制潜在反对势力而征收的税款和罚款，很大程度上都浪费在这些豪华奢侈之上。这位曾为自己愿意宽恕反对者的罪行而自豪的精明君主，如今在他消灭反对派的最后余党时，却通过操纵律法来加强自己的权威。

他最臭名昭著的行为就是以叛国罪弹劾他的弟弟乔治。毫无疑问，克拉伦斯罪有应得，他曾多次与爱德华的敌人密谋，毫不掩饰自己对王后及其家人的敌意。但爱德华亲自强烈恐吓国会通过《褫夺公权法案》（一旦违反这项法案，任何人都不容辩护）给公爵定罪，然后在塔内私下处决了他。《克罗兰编年史》改变了对该政权的评价："这件事之后，许多人都离开了爱德华，他们坚信他可能会随心所欲地统治整个王国……国王……似乎所有臣民都怕他，而他自己却无所畏惧。"格洛斯特的少年理查就是在这种王权模式下长大的。在理查的早年，他和国王之间的关系非常紧密，而且由于他们对克拉伦斯共同的不信任而变得更加紧密。理查接受过专业训练，以便参与国家的政治和军事活动。爱德华赐给他土地、头衔和职责。20岁之前，他是英格兰的总管、海军总司令和北方总督。财产的馈赠和亨伯河（Humber）对岸至关重要的城堡使他成为在远离首都的诸郡中最大的地主，而且通过房产交易，他一直在扩大北方的地产。理查骁勇善战，不仅在国内与兰开斯特家族的军队作战时如此，而且与苏格兰和法兰西作战时也是如此。他对国王忠心耿耿、赴汤蹈火。毫无疑问，如果没有他的支持，爱德华不可能统治整个英格兰。值得指出的是，在克拉伦斯被处死之前，理查根本没有继承王位的希望。

但是，理查和他的兄长截然不同。理查身材矮小，脊柱有轻微的畸形。他的外貌几乎不能给朋友或敌人留下深刻的印象。他严肃自律、勤奋努力，比常人更虔诚。后来的人可能会称他为"清教徒"。莎士比亚舞台剧中的理查接近了真相，剧中的理查对"嬉戏的把戏"（sportive tricks）、"诗琴的淫愉"（the lascivious pleasing of a lute）以及渴望得到"一面多情的镜子"（an amorous looking-glass）的虚荣十分不齿。他是一名

▲ 有君主头像的硬币是一种有价值的收藏品，特别是那些清楚地显示理查头像的硬币

实干家，而不是沉思者。他饮食有节制，有人观察到，他在宴会上很少吃喝。成为国王后，理查没有效仿兄长去建立一座富丽堂皇的宫殿，陈列高雅的文化精品。在欧洲大陆，文艺复兴的曙光乍现。开明的王公贵族、牧师和商人竞相赞助画家、音乐家、诗人和学者。这不是理查的风格。可以合理地说，在理查短暂的统治期间，他没有时间或闲情来培养和平时期的艺术品位，但在他以准君主（quasi-monarch）的身份统治英格兰北部大部分地区的前几年，他已经做了很长时间的准备。如果我们对他行使权力要形成什么总体观点的话，将他在北部的活动纳入评估范围自然理所当然。没有任何同时代的编年史表明理查有什么艺术细胞或浓厚的学术兴趣。然而，这并不意味着理查是一个头脑空空的乡巴佬。相反，一位外国外交官曾描述理查为"这么矮小的身体内却蕴藏着这么伟大的思想"。他特别精通法律，能够熟练地辩论案件。他对纹章学兴趣浓厚，并于1484年通过皇家特许创立了纹章学院（College of Arms）。这种对法律程序和纹章细节的关注表明了理查的基本动机：他十分专注于统治责任——而且是有效治理。华丽的纹章和显赫的王室仪式在视觉上显示了君主的权威，而且通过法律确保王公贵族们对自己的忠诚。

如果按照传统而言，理查的生活其实很虔诚。在宗教捐赠方面，他比任何一位中世纪国王捐赠的都要多。他认为约克郡是自己的"资本"，而约克大教堂（York Minster）是他的慷慨大方的主要受益方。在他的奢华捐赠中，有银质和镀金的祭坛装饰品、精美的斗篷式祭衣和一个镶有珠宝的游行十字架（processional cross）。他计划在大教堂综合楼里设立一个学院（宗教协会，而非教育协会），100名牧师在其中每天为理查及其家人做弥撒。同样的，有人提议为巴纳德城堡（Barnard Castle）和米德尔汉姆城堡也设立几个规模较小的学院。国王还将土地和金钱赠送给威尔伯福斯女子修道院（Wilberfoss Nunnery）和其他宗教场所。其中一座获得理查慷慨资助的是剑桥大学王后学院（Queens' College, Cambridge），这座学院于1477年和1484年获得了捐助。这座学院还获得一枚徽章的展示权，上面的十字架和牧杖（crozier）上刻有理查的野猪纹章。

1483年4月，兄长爱德华四世去世，这标志着理查三世生命最后的28个月中灾难性事件的开始，并不断累积。爱德华的强权统治所带来的安全感也跟着他走向坟墓。爱德华之死导致的第一反应是令贵族之间所建立起的政治网络和家

白野猪

这是理查的个人徽章，他发给支持者们和穿制服的仆从们，作为他们忠诚的象征。这一徽章的起源尚不清楚。它可能是与温莎封建领主相联系的王室徽章的一部分。同样，它也可能是对"爱博"（Ebor）的双关语，其拉丁语含义为"约克"（York）。国王被推翻后，遗存下来的徽章样品很少。剑桥大学王后学院保存了一枚徽章以感谢理查的捐赠。2009年，人们在博斯沃思战役遗址附近发现了一枚镀银的野猪徽章。

族网络受到震动，这就预示着王朝阴谋和军事冲突的回归。已故国王的继位者是他12岁的儿子爱德华五世，他已敕令理查担任护国公，直到儿子成年。但此后，不确定性逐渐显现。这位年轻的国王非常依恋他的母亲和舅父们。王国的几位有影响力的权势人物对前景感到担心和震惊，理查就是其中之一。令局势更不稳定的是，兰开斯特家族的复辟事业开始重燃希望。在布列塔尼流亡的亨利·都铎与英吉利海峡对岸的支持者保持着联系，现在其中一些人正拜访他以便向他宣誓效忠。

在席卷全国的叛乱、谋杀和背叛的迷雾中（更不用提后来的作家们所写的富有情调的党派之争的模糊之辞），有两个事实非常明显：第一，理查占据主动，用残酷的手段维护着稳定；第二，尽管如此，他也无法阻止事态发展的势头。

老国王之死导致了几天的混乱。王室会议委员们意见不一，无法确定爱德华五世及其弟弟的监护权应该授予谁。理查是毋庸置疑的，他没等王室会议批准就宣布自己摄政。他截住了和新国王一起去伦敦的里弗斯伯爵，把爱德华五世及其弟弟安顿在伦敦塔的宫殿里。里弗斯和他的随行则被带到北方的庞特弗拉克特城堡。两个月后，他们都被处死，理由是反对护国公、犯了叛国罪。这是先发制人，一种由老练的军事战略家所谋划的策略。尽管这么做不合法，却很明智。伍德维尔家族也可能一直在评估政治局势，想着怎样才能最大程度保住自己的地位。不幸的是，理查先动手了。

一旦动手，就没有回头路了。理查开始着手消灭所有真正的和假想的对手。他进入了一场危险的游戏，一旦失败，后果将不堪设想。英格兰的政治精英们面临着一个明确的选择：他们要么接受理查的统治，要么接受伍德维尔家族的统治，要么接受英吉利海峡对岸的兰开斯特家族对王权的要求。护国公的军事行动在短期内巩固了自己的地位，但他残暴血腥的行为吓坏了以前的朋友们。6月下旬，理查从北部挥师南下，试图说服布列塔尼公爵交出亨利·都铎，但没有成功。他还令人震惊地"爆料"，说爱德华五世实际上并不是国王，因为爱德华四世与伊丽莎白·伍德维尔的婚姻是无效的，因为此前他兄长爱德华四世已经和另一个女人订了婚。他声称，小爱德华以及他的弟弟都是非婚生子，唯一合法的王位继承人是他自己。一群早就排练好的伦敦名人集会向他请愿，恳请他接受王位。就这样，他奢华的加冕典礼于7月6日举行。

到了秋天，不满的声音开始零星地出现。理查曾经的支持者白金汉公爵，与亨利·都铎达成一项协议，但由于暴风雨的原因，兰开斯特的军队没能在南部海岸登陆，所以协议失败了。此时，谣言四起，说理查谋杀了自己的两个侄子。次年4月，理查的独子及王位继承人夭折。在许多人看来，这似乎是天意。

不到一年，他的妻子也死了。国王仍然继续做自己认为应该做的事。他周游全国，维持宫廷秩序，主持王室司法行政。同时代的编年史家约翰·劳斯曾这样描述理查："他对臣民的统治令人称道，惩罚那些违反法律的人，珍视那些善良有德的人。"《克罗兰编年史》告诉我们，国王欢迎亨利·都铎的入侵。现在一切都将在英勇的战斗中解决，这正是他所擅长的。他坚信上帝会在战争中为他正名；从此，他就可以用"上帝赐予的无可置疑的和平来慰藉自己的臣民"。他没有背离这一信念，在博斯沃思离对手只有几码远之处阵亡。留下来的便是历史了。

更多的是遗憾，因为在所有英格兰君主中，历史学家、传记作家和传奇作家都对他赞誉有加，评价最高。然而，偏见和歪曲事实仍然

北方会议

作为格洛斯特公爵，未来的理查三世面临了他的第一次治国考验。

理查在北部地区时的治理是他主要的行政遗产。假以时日，这种经历最终给他提供了如何治理国家政权的某种想法。边境地区的领地离伦敦很远，苏格兰人断断续续地发动袭击，统治该地区的权贵们（珀西家族、内维尔家族及其盟友）之间也有争斗，所以很难控制。

为了将该地区置于王室控制之下，爱德华四世于1472年设立了北方议会，由格洛斯特的理查担任大议长（lord president）。通过国王特许、城堡管理和购买，理查已经成为北方最强大的贵族。叛徒沃里克伯爵理查·内维尔在1471年的战斗中被杀后，兄长爱德华将沃里克的大部分遗产都赐给了自己的兄弟。由于理查娶了沃里克的一个女儿，他又得到了额外的遗产。既然实权掌握在国王的代理人手中，于是理查建立了一个行政机构，确保亨伯河以外的领土都处于王室的永久控制之中。

北方议会本质上是一个法庭，负责不偏不倚地解决争端和建立和平、维持安全与经济稳定。1484年，新国王增加了北方议会的人员，任命他的侄子林肯伯爵约翰·德·拉·波尔（John de la Pole）为议长（president）并为议会制定了详尽的制度，该议会将作为国王会议的延伸，在约克郡圣玛丽的王室庄园举行会议，涉及超出其职权范围的任何事项。议会一直存在到1641年。

主要土地所有者

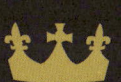

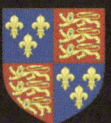

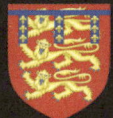

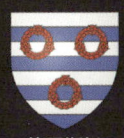

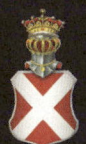

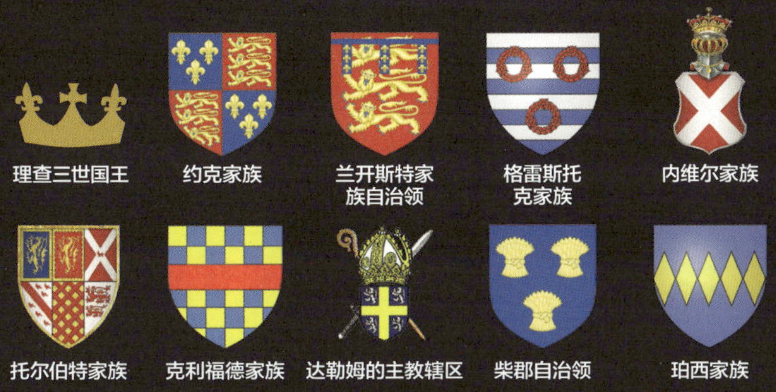
理查三世国王
约克家族
兰开斯特家族自治领
格雷斯托克家族
内维尔家族
托尔伯特家族
克利福德家族
达勒姆的主教辖区
柴郡自治领
珀西家族

北方要塞

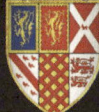

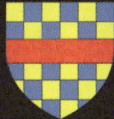

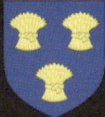

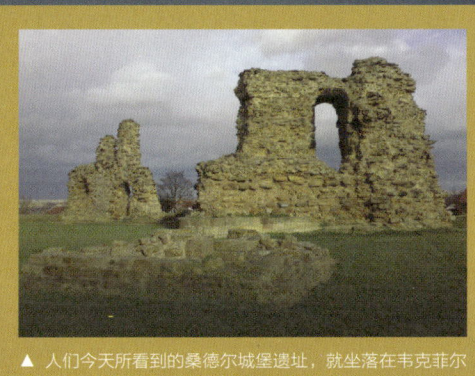

▲ 人们今天所看到的桑德尔城堡遗址，就坐落在韦克菲尔德城外，俯瞰着考尔德河（River Calder）

城堡是控制英格兰北部的行政和军事中心。有些是贵族们用来抵抗王室“干涉”的据点，有些则是国王用于控制过于强大的臣子的基地。理查从妻子那里继承了米德尔汉姆城堡，成为他的主要居所。桑德尔城堡对理查意义非凡。1460年，他的父亲就是从这里出发前往投身韦克菲尔德战役，然后战死沙场。桑德尔城堡还是北方议会首次召开会议之地。

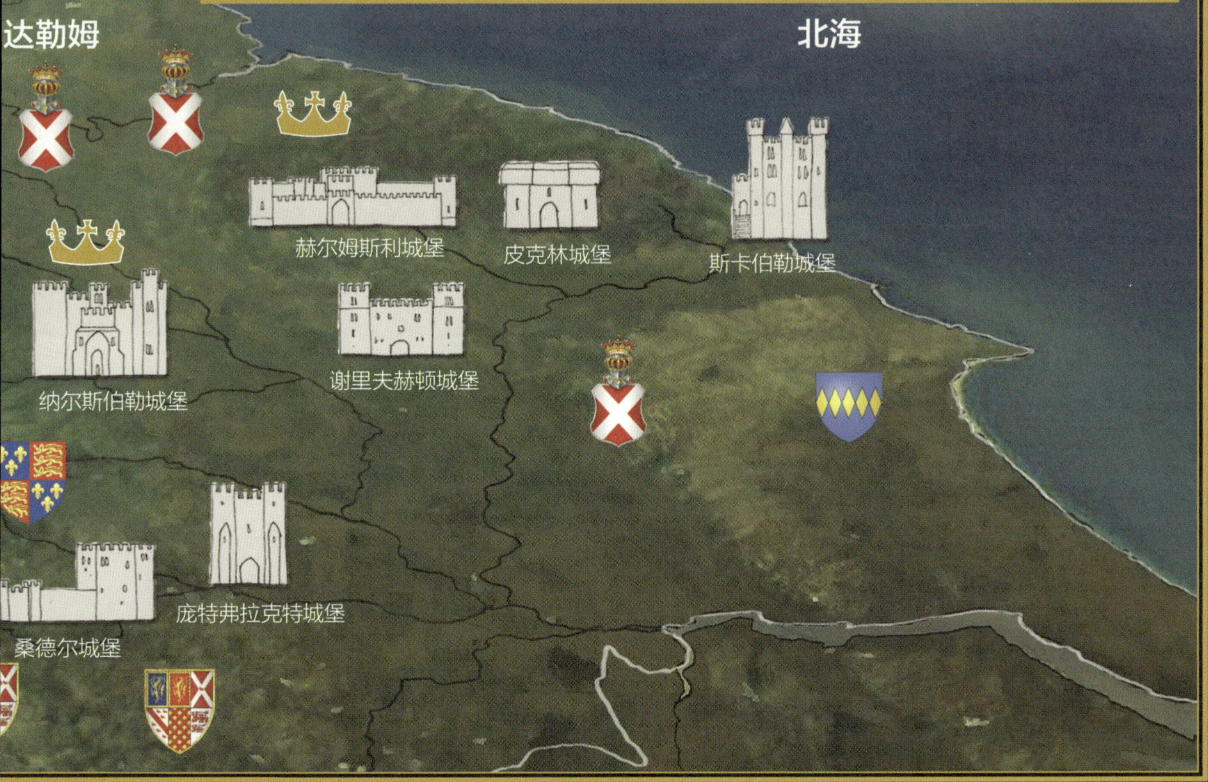
达勒姆
北海
赫尔姆斯利城堡
皮克林城堡
斯卡伯勒城堡
纳尔斯伯勒城堡
谢里夫赫顿城堡
庞特弗拉克特城堡
桑德尔城堡

▼ 娶了安妮·内维尔之后,米德尔汉姆城堡成了理查三世的家

出现。约翰·劳斯曾强烈支持过理查的统治风格,但亨利·都铎一登上王位,就推翻了之前的言论,痛斥理查是一个杀害自己妻子的畸形魔鬼。托马斯·莫尔和莎士比亚的作品都是基于这一说法。1768年,霍勒斯·沃波尔(Horace Walpole)大声喊出,这是"一场席卷整个英格兰的瘟疫"。参考托马斯·莫尔和弗朗西斯·培根的作品,他在《关于理查三世生平和统治的历史疑点》(Historic Doubts on the Life and Reign of King Richard III)中写道:"我们编年史上两位最伟大的人物(指托马斯·莫尔和莎士比亚)都糟蹋了自己的生花妙笔:一位抹黑了一位伟大的君主,另一位粉饰了一位可怜的暴君。这是我喜欢的一种评价。"要描写这样一位生活在如此复杂时代的如此复杂的人物,我们必须把那些白颜料和黑颜料的罐子收起来,除非将它们调制成

须唤起爱和恐惧。为了履行这些职责,他不得不做一些在普通人看来极其残忍、反复无常和恶魔般残忍的事情。1484年,他给他的主教们写下了这段使命宣言:

……我们的主要目的和热切愿望是看到美德和生活中的干净得到完善、得到提高、得到增长;邪恶和所有其他与美德相抵触、激起上帝极度愤慨和不悦的东西都得以抵制和消除……

这不是虚伪的废话。理查是一位思维清晰、勤奋刻苦的统治者,他知道需要做什么。王权是上帝赐予的庄严职责,其目的是为了人民幸福安康。被上帝选定的君主必须有这样的信念:他知道什么对自己的臣民最好,并有勇气去做自己认为正确的事。像亨利六世那样优柔寡断是一种灾难,像爱德华四世那样被个人恶习分散治国的注意力是对信任的背叛,像爱德华五世那样因为还是个孩子,所以只能在顾问的指导下,按照顾问们安排的计划行事,是一种可悲的不幸。因此,理查认定自己夺取王位合情合理。

如果我们收集到的关于理查性格的碎片描写可以让我们勾勒出一种形象,那么这些片段则表明他是一个冷血无情之人。他有着神圣的使命和天职,需要他不懈努力、意志坚定和自我奉献。理查是位有责任的信徒,同时也是其受害者。他执政面临的一个大问题就是要维持他兄长所取得的和平。当然,他本身也是这一问题的一部分。他的许多崇高理想只能通过行动来实现,其中许多都是卑鄙的。

但是,人们是怎么看待自己的新护国者的呢?除了对此表示不满的贵族和随从,我们唯一可以考虑的是议会的反应。在理查短暂的统治期间,这种国民大会只召开过一次,即从1484年1月23日至2月20日。上议院和下议院批准了《王

灰色。如果我们根据某种永恒的标准来做道德判断,那我们就大错特错了。如果我们试着在理查所处的年代背景下看待他,我们就有机会了解理查这个人以及他所处的时代。

理查三世生活在一个分裂的国家里,他知道自己有责任建立和平。他对人民负责:他们希望在公正的法律和安全的统治下生活。他对上帝负责:作为上帝的代理人,他与众王之王一样,必

▲ 这幅版画由J.W.E.道尔于1864年创作，描绘了理查三世战死沙场的博斯沃思战役

室权利法案》，列出了理查篡位的各种理由。对于被国王剥夺公民权的主要敌人，上议院和下议院则更紧张，但最终还是妥协了。任何国王召开国会最令人迫切的理由就是他需要钱。理查也不例外。

人民代表赋予国王征收关税和货物税的传统权力，但他们是要求回报的。理查在税收、贸易法规和法院运作方面十分大方地做出了让步。值得注意的是，这一切所取得的效果并不显著。对人民代表而言，这就是照常的例行公事。

这有助于我们正确看待理查三世。如果他不是金雀花王朝的最后一位君主，如果1485年不被视为英格兰历史上的一个转折点，那么此前几个月发生的事件就会被写进这个动荡世纪的叙述中；理查就会被视为一位统治者，其合法性和神圣的使命使他不得不采取血腥的行为，就像他的祖先一样。他不是一个创新者，他就是那个时代的人，因此，我们必须在那个时代背景下评价他。

历史的见证者

《克罗兰编年史》是一部珍贵的史料，
但它是否完全可靠呢？

这是理查三世短暂统治时期一部最有价值的史料，于655—1485年写于林肯郡克罗兰修道院。续写写于1486年，作者通常被称为"第二续作者"。历史学家很感激这位匿名作者，但他的作品并非我们所期待的像现代学者那样的客观，所以我们必须问，"他是谁？""他的主题是什么？"根据文章内容，第二续作者是一位经验丰富的外交家，曾一度是爱德华四世议会中的成员。最有可能的就是罗切斯特主教兼前大法官（Lord Chancellor）约翰·罗素（John Russell），或他的一名扈从。这意味着他对宫廷里发生的事情了如指掌。但是，他是否歪曲了对这些事件的描述呢？1485年7月29日，可能因为有人怀疑他是亨利·都铎的秘密支持者，罗素大法官的职位被解雇了。几个月后，也就是亨利登上王位的时候，关于已故国王最后几个月的记叙也写出来了。如果作者是罗素，那么他是否别有用心呢？不管作者是谁，他是否会为了取悦新国王而编造自己的叙述呢？我们的疑问多于答案。

我们必须牢记这一事实：《克罗兰编年史》是一部修道院编年史。它不仅涉及修道院的事务，还站在道德和宗教的立场叙述事件。在记录理查之子和王位继承人的夭折时，作者写道："不久之后，人们就充分地认识到，如果没有上帝的帮助，一个人一心谋取私利是多么枉然！"这位续写作者是神职人员，他相信万能的上帝会影响国王的悲剧和胜利。我们不必因为他指出这一点就认为他是属于某个政治派别的。

大卫·加里克饰演理查三世

画家:威廉·贺加斯

这幅画是由著名的英格兰艺术家威廉·贺加斯(William Hogarth, 1697—1764)所画,描绘了著名演员大卫·加里克(David Garrick, 1717—1779)在莎士比亚的同名戏剧《理查三世》中扮演的国王理查三世。在第五幕第三场博斯沃思战役前夕的这个特殊场景中,理查三世刚刚从噩梦中醒来,梦里他被那些为他所谋杀之人的鬼魂萦绕,醒来后才意识到自己的死期将至画于1745年。

博斯沃思战役
都铎王朝的黎明

玫瑰战争期间，许多人都争着要戴上英格兰的王冠，但一位原本不太可能的王位主张者却让战鼓沉寂下来，登上英格兰的王位

作者：伊恩·里默

这支小舰队于1485年8月1日从法国启航。7天之后，军队在米尔福德港（Milford Haven）登陆时，威尔士土地上响起了混杂的口音，根据口音判断，这些人大多是法国人和苏格兰人。这支军队最多2000人，他们都是雇佣兵，雇佣他们是为了完成一项易于理解的使命——为他们的名义领袖夺取英格兰的王冠。这位"即将成为国王"的人是亨利·都铎。他的生父埃德蒙·都铎在他出生之前就去世了。然而，他的母亲玛格丽特·博福特依然健在。在她14岁生日之前，她既是一名寡妇又是一位母亲，她后来渐渐明白：如果事态和环境对她唯一的儿子足够有利，那么英格兰的王位就可能是她儿子的。8月7日，在彭布罗克郡海岸，亨利比以往任何时候都要接近英格兰王位。

他血脉里流淌的王室血液甚少——他的母亲是兰开斯特公爵冈特的约翰和其情妇凯瑟琳·斯温福德（Katherine Swynford）的后人；后来这对夫妇结了婚，使他们的关系合法化——但亨利的王室血液微薄仍然是事实。亨利于1457年在彭布罗克城堡出生，米尔福德港的着陆

▲ 彭布罗克城堡，亨利·都铎的出生地和成长之地，亨利·都铎是在叔叔贾斯帕的照顾下长大的

点离他的出生地很近。亨利六世曾经统治过英格兰。亨利·都铎的父亲埃德蒙和他的叔父贾斯帕与国王同母异父，他们的母亲很偏爱她二婚所生的孩子。善待其同父异母和同母异父的兄弟是亨利六世为数不多的美德之一。由于受到一阵阵精神疾病的困扰，他在统治时期运气不佳。在此期间，他只能无力地看着朝臣们，尤其是博福特家族及他的妻子安茹的玛格丽特攫取权力和财富。国王的政府日益无能和腐败。

亨利·都铎4岁时，由他的叔叔贾斯帕在威尔士的彭布罗克城堡照顾他。贾斯帕十分忠诚于兰开斯特家族，他拼死拼活不让城堡落入约克家族之手，但这只是徒劳。彭布罗克城堡落入了威廉·赫伯特（William Herbert）手中。1469年，年轻的亨利也落到了赫伯特家族手中。然而，那一年，爱德华四世和沃里克闹翻之后，战火又重新燃烧起来。沃里克阵地倒戈，策划了一场推翻国王的政变，国王逃到了欧洲大陆。接着，在伦敦塔里被囚禁了5年的亨利六世获得释放并重新登上王位。在这场短暂的兰开斯特复兴中，赫伯特在艾治考特摩尔战役之后被处决，亨利·都铎又回到了他叔叔的怀抱。

爱德华杀回英格兰后，事态又急转直下。他纠集了一大批追随者，在巴尼特战役中对战沃里克，大获全胜，"造王者"沃里克被杀。同样的命运降临在亨利六世的继承人——17岁的威尔士亲王爱德华身上。在不久之后的图克斯伯里战役中，重新被抓获的亨利六世去世，死因可能是身体不适，但更有可能是谋杀。现在，约克家族对王位的控制像老虎钳似的牢牢抓住。任何兰开斯特贵族或支持者都有危险。1471年，幸存的权贵之一贾斯帕·都铎带着亨利逃往了布列塔尼。为了保护二人，也为了软禁二人，弗朗西斯二世公爵把这二人收留在了自己的眼皮底下，让他们过起了流亡生活。在弗朗西斯二世与法国国王路易十一世的争端及法兰西与英格兰的争端中，他把这二人视为有用的棋子。1476年，爱德华四世似乎已经说服了弗朗西斯，让他把这叔侄二人送还，作为交换，他会得到一笔酬金，但玛格丽特·博福特的一封信提醒了贾斯帕和亨利。亨利在他们逃到避难所之前佯装生病了。

亨利的母亲那时已经结过两次婚。尽管她有兰开斯特家族的血统，但她和亨利·斯塔福德的婚姻却十分和谐，即使后者是为约克家族而战，且在帮助爱德华四世取得巴尼特战役胜利时因伤去世。1472年，她第二次结婚，这场联姻似乎是经过精心策划的。她的新郎是斯坦利勋爵托马斯（Thomas Lord Stanley），一位来自英格兰西北部的富有地主，在爱德华四世的宫廷中地位显赫。由于她的婚姻，玛格丽特很快就给王后伊丽莎白·伍德维尔留下了深刻的印象，成为了王后一个女儿的教母。毫无疑问，通过她丈夫与国王的关系，她试图结束儿子的流放，让他前程无忧。如果亨利能够回到英格兰，重新获得里士满伯爵的头衔，他就可能成为爱德华的大女儿、约克的伊丽莎白公主的丈夫，从而化解两家之间的矛盾。

然而，在这一切发生之前，爱德华四世却出人意料地去世了。他身材魁梧，相貌堂堂，喜欢奢华的生活，但也正是他生活中的放纵让他付出了生命的代价。爱德华的继承人，12岁的威尔士亲王，被推上王位成为爱德华五世。新国王需要一个由他的叔叔舅舅们主导的摄政议事会（Regency Council）来帮助他，但是这些叔叔舅舅们之间却暗中较劲，关系不和。已故国王的弟弟，格洛斯特公爵理查占据了主动权。威尔士亲王正与他母亲的弟弟里弗斯伯爵安东尼前往伦敦时，格洛斯特在白金汉公爵的支持下，在斯通尼斯特拉福（Stony Stratford）拦截了他们。里弗斯因密谋扳倒格洛斯特而被捕，不久将被处决。格洛斯特和白金汉带着威尔士亲王一起开进了伦敦。格洛斯特被宣布为护国公。

接下来，在一次据说是筹划爱德华五世加冕仪式的会议上，格洛斯特指控他死去兄长的亲信黑斯廷斯勋爵密谋扳倒自己。黑斯廷斯未经审判就被处以极刑，其他人则被逮捕和监禁，其中包括斯坦利伯爵托马斯。由于黑斯廷斯已死，格洛

这场近距离战斗十分残酷，士兵们用戟和刀向金属板盔甲乱砍乱刺。

哪位国王更好？

他们都历经博斯沃思战役，也都曾登上英格兰王位，尽管统治时间长短不一，但他们是可以比较的。

亨利七世 vs **理查三世**

战场上的表现
作为经历过玫瑰战争和镇压了苏格兰动乱的一名身经百战的老兵，理查在博斯沃思战中向经验不足的亨利发起大胆但结局注定的冲锋，差点儿取得了胜利。

外交政策
在理查没能试图通过谈判使亨利结束流亡生活回国时，亨利在国外缔结了强大的条约联盟，避免了耗资巨大的战争，并促进了经济的发展。

福利和改革
理查是一位有才干的统治者，他有改革的意识，尽管后来由于经济原因不得不放弃。亨利则相当保守，保留了前政权的许多管理方法。

公众看法
二人都不受欢迎。亨利虽然受人尊敬，但也同样令人生畏。对两位王子命运的不安和篡夺王位意味着理查除了其北方的权力集团以外，人们都很憎恨他。

王朝记录
理查是最后一位试图维持金雀花王朝的统治者。相反，亨利建立了下一个王朝，也许更多靠的是运气而不是决断力。

斯特的支持者随后声称，滥交的爱德华四世在与伊丽莎白·伍德维尔成婚前，曾承诺娶另一个女人，因此这段婚姻无效，而且他们的所有后代都是非婚生子。议会同意并宣布已故国王的婚姻无效，将格洛斯特作为约克家族的继承人。1483年7月6日，格洛斯特被加冕为理查三世国王。几天前被释放的斯坦利得以复职，和他的妻子亨利·都铎的母亲一起参加了加冕仪式。然而，新国王的侄子们（即已故国王之子）却没有参加。

据说，在新国王的保护下，爱德华五世及其弟弟留在了伦敦塔里。但是，只要他的侄子还活着，他们就会对理查的王位构成威胁，因为反对者可以利用他们作为叛乱的由头。他有很明确的动机消灭他们。人们常常认为，莎士比亚笔下那个残害儿童的畸形理查三世是真实的，但这种说法多半是为了取悦后来的王室。关于两位王子之死的谣传无法控制，理查三世也没有公开说过或做过任何事来阻止谣言。人们对他登上王位的不满与日俱增，尤其是那些他的北方支持者的权力基地之外的人。叛乱似乎一触即发，但当叛乱真的发生时，却是由一个不可能的敌人——前盟友白金汉公爵——领导的。

白金汉转变态度的原因尚不清楚，但他肯定受到了有说服力的伊利主教莫顿博士（Dr Morton, bishop of Ely）的影响。这位精明的政客曾同样很好地在爱德华四世和前兰开斯特家族宫廷中任职。他的顾问似乎鼓动过白金汉公爵，但莫顿也联系了玛格丽特·博福特。反过来，玛格丽特又暗中联络了爱德华四世的遗孀，希望获得支持，让她的儿子登上王位，前提是他迎娶前国王的女儿伊丽莎白公主。此外，玛格丽特夫人还联系了自己在布列塔尼的儿子，敦促他召集一支入侵部队。亨利·都铎照做了，他在1483年11月初起航，但那时理查三世已经镇压了作战不利的叛军，而白金汉公爵也被斩首。

斯坦利勋爵托马斯让国王相信，他不知道妻子参与了叛乱。虽然玛格丽特的死罪免了，但她将正式由丈夫监管，头衔和财产也都由他控制。这是理查三世犯的一个大错，因为到1485年，亨利·都铎第二次入侵时，斯坦利家族已经和亨利·都铎联系了一段时间了。

都铎的军队从彭布鲁克郡海岸出发，穿过威尔士进入英格兰。一路上，亨利获得了许多支持，这包括从叔叔贾斯帕召集的威尔士军队到那些对亨利不满的重要贵族家庭。然而，理查三世也有强大的后盾，包括诺福克公爵的军队以及诺森伯兰郡伯爵的军队，还有他以为的斯坦利勋爵托马斯的军队。但是，如果托马斯和他的弟弟威廉爵士能保持忠诚，国王也许还可以期待他们的军队会拦截都铎的进攻。相反，他们玩的是一场等待的游戏。国王召集斯坦利勋爵托马斯到他在诺丁汉（Nottingham）的大本营，但斯坦利勋爵一直借口生病缺席，尽管他的儿子斯特兰奇勋爵（Lord Strange）还被留在国王的宫廷里，实际上他是防止父亲叛逃的人质。

两支军队在东米德兰汇合，而斯坦利的军队则对双方都进行了跟踪，但还未采取行动。1485年8月22日早上，战争不可避免地爆发了。由于同时代的记述很少，所以无法对所发生的事情做出具体的叙述。即使是战场的位置，也不能确定，长期以来，人们一直认为是在博斯沃思市场附近的安比恩山（Ambion Hill），但现在人们认为是在1.6千米以外的芬恩莱恩农场（Fenn Lane Farm）。当时都铎的军队可能有5000人，在侧翼的支援下，由身经百战的战地指挥官牛津伯爵担任先锋，亨利·都铎亲自率领一支小型骑兵断后。迎战的是诺福克公爵率领的前军和中军，两翼都有大炮，后面是国王的骑兵。诺森伯兰的军队埋伏得更深，包抄了两侧。理查三世手下的士兵是都铎的两倍多，但场外还有6000名斯坦利的士兵尚举棋不定。

一阵炮火箭雨之后，两队前锋短兵相接，十分激烈。这场近距离战斗十分残酷，士兵们用戟和刀向金属板盔甲乱砍乱刺。国王在人数上的优势几乎没有凸显，因为诺森伯兰的手下在后方袖手旁观，一直没有进攻。牛津的手下顶住了对方的攻势，杀死了诺福克公爵，但是，为了寻求支持，都铎策马奔向了斯坦利的队伍。理查三世看到了都铎旗帜的移动，同时也瞄准了进攻的机会。这很冒险也很勇敢。如果理查三世的骑士团突然出击，与都铎人数较少的队伍交战，那理查三世就有可能消灭自己的对手，从而取得最终胜利。于是，国王向敌军发起了冲锋。

这股冲劲使国王的军队深入都铎的扈从人员之中。这是一场殊死搏战，国王一路猛砍，杀向自己的对手。都铎看到自己的旗手被砍倒。理查三世越来越逼近，近到都铎都能看到他头盔上的圆形王冠，这时国王的侧翼突然遭到攻击。威廉·斯坦利爵士最终背叛了国王，把自己的命运交给了都铎。局势扭转了。有人大喊："叛国，叛国！"国王与自己的部队分开，从马背上摔了下来。他英勇作战，但还是被威尔士的步兵包围。他被砍死之后，传说那个圆形王冠从他的头盔上飞了下来，被斯坦利勋爵托马斯捡到，把它戴在他继子的头上，宣布他为国王亨利七世。由于首领已经战死，许多约克家族的士兵都投降了。短短两个小时，战斗就结束了。这并不是玫瑰战争中真正的最后一场战斗，但却是决定性的一场。

考虑到前几任君主动荡不安的统治历史、新国王继任王位的要求没有说服力及他流亡在外的时间比待在英格兰的时间要多得多这些事实，亨利七世长期保住王位的前景其实并不乐观。尽管如此，他还是着手了这项任务。他迅速与伊丽莎白公主成婚，通过都铎王朝的名字统一了兰开斯特家族和约克家族，有助于平息约克家族的敌意。亨利正式加冕后不到一年，他的继承人亚瑟（Arthur）就出生了，巩固了新国王的统治。

此外，尽管亨利七世对理查的主要支持者残忍无情，但他并未处置大多数约克家族的中层阶级。这意味着国家的管理继续顺利进行。新国王还受益于人们对国家内乱的深恶痛绝。当几个觊觎他王位的人出现时，他都能够熟练敏捷地消灭叛乱，因为这些冒牌货无法获得足够的支持。重要的是，亨利七世与其他国家建立了强大的联盟，特别是法国和西班牙，这就避免了征收战争基金税，使国家财政得以恢复。

1509年，在位近24年之后，亨利七世病逝。比他多活了两个月的玛格丽特·博福特夫人将亨利安葬，让他安息，她在儿子年幼时很少见到他，但却为他登上王位做了大量工作。虽然继承人亚瑟英年早逝，但这位"备胎"还是继承了王位，成为亨利八世。都铎王朝已经开始了。

一名中世纪骑士

在激烈的短兵相接中,对于一个骑士来说,从头到脚都得到保护十分重要。

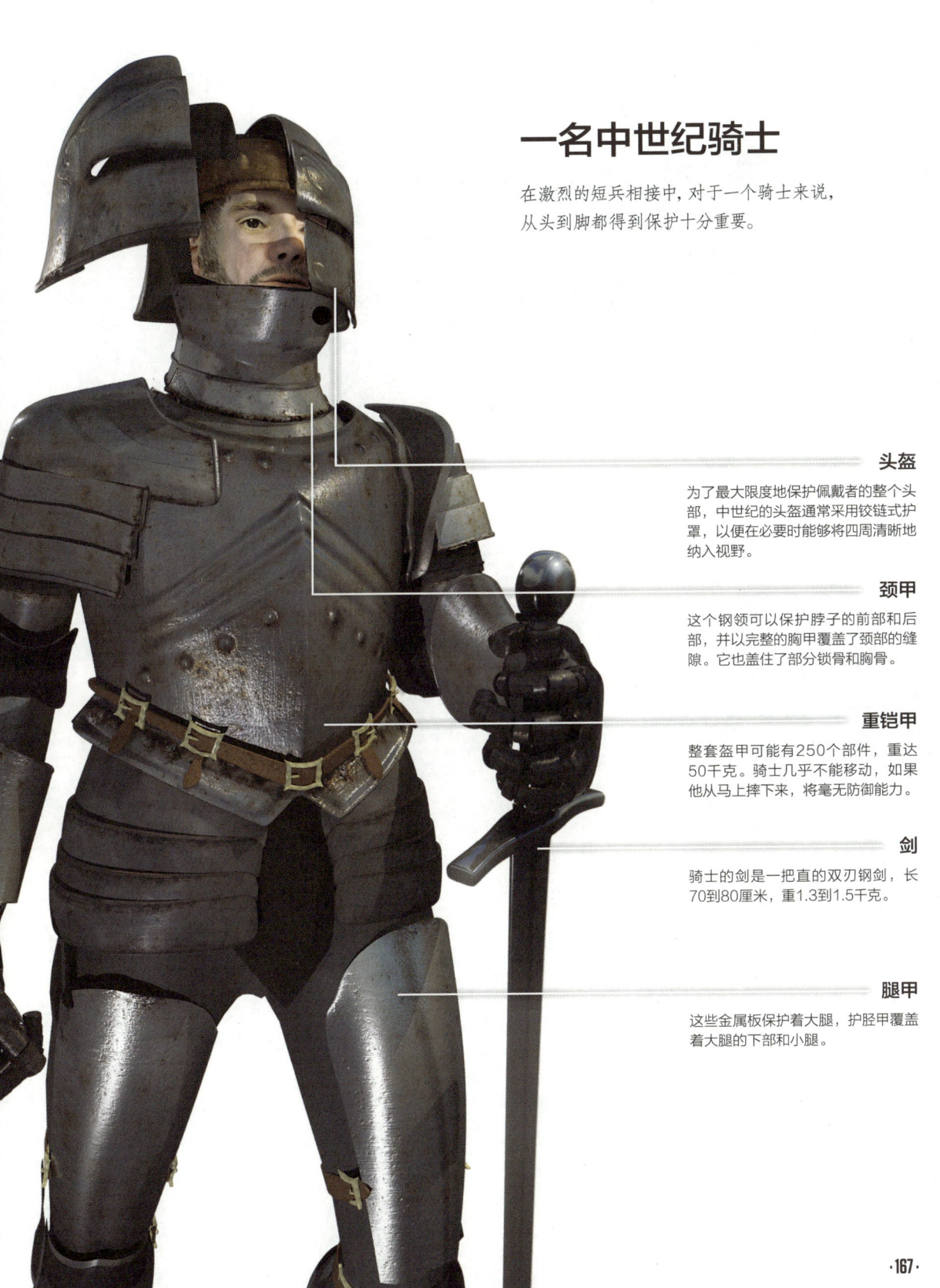

头盔
为了最大限度地保护佩戴者的整个头部,中世纪的头盔通常采用铰链式护罩,以便在必要时能够将四周清晰地纳入视野。

颈甲
这个钢领可以保护脖子的前部和后部,并以完整的胸甲覆盖了颈部的缝隙。它也盖住了部分锁骨和胸骨。

重铠甲
整套盔甲可能有250个部件,重达50千克。骑士几乎不能移动,如果他从马上摔下来,将毫无防御能力。

剑
骑士的剑是一把直的双刃钢剑,长70到80厘米,重1.3到1.5千克。

腿甲
这些金属板保护着大腿,护胫甲覆盖着大腿的下部和小腿。

▼ 在图克斯伯里战役之后,爱德华四世和被俘的安茹的玛格丽特

理查的伤口

研究人员在这具国王的骸骨上发现了至少11处伤口。有些伤口可能是死后虐待尸体时留下的

1.致命的攻击
在头骨底部，有一段骨头被一种像一样巨大、锋利的武器削掉了。还有第二个深孔，可能是剑造成的。这两处伤害都是致命的。

2.正面攻击
下颚有割伤的痕迹，可能是刀伤。这个刀伤和其他两个致命的伤表明，理查在战斗中失去了头盔。

3.头颅损伤
A. 后脑勺顶部曾多次被像剑一般锋利的武器划伤。虽然这不致命，但一定疼痛不堪。

B. 头骨顶部的一个很深的小伤口，和匕首的伤口一致，足以把骨头劈裂。

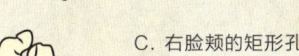

C. 右脸颊的矩形孔，同样类似匕首伤。

4.畸形脊柱
脊柱明显的弯曲，表明理查有脊柱侧弯。这种畸形很可能是遗传的，在出生时并未显现，但在青春期逐渐形成。这将导致高低肩，而不是莎士比亚作品中的驼背

5.腰部受刺
第十肋骨的伤口是刀或匕首所致。由于盔甲可以在战斗中保护这个部位，这可能是死后进行的伤害。

6.侮辱性伤害
这很可能又是在理查那具卸下盔甲的尸体上所实施的伤害，他的右臀被匕首或剑刺穿，身体也被刺穿。几乎可以肯定，这是一种羞辱。

7.毫无尊严地被杀
墓穴中尸体的双手交叉方式表明双手是被绑在一起的。匆忙挖掘的坟墓对理查的身体来说太短了。没有证据表明有棺材、裹尸布或衣物。

8.关于理查脚的注释
人们发现理查的骨架几乎很完整，但理查的双足已经缺失。这并不代表敌军的险恶，因为理查的双足可能是在工程施工期间丢失的，当时有一座维多利亚时代的外围建筑建在坟墓附近。

都铎王朝的统治时期

- 172 1485—1487年的关键人物
- 174 战争与杀戮
- 176 清洗金雀花王朝
- 192 文字战争

172

172

193

1485—1487年的关键人物

随着兰开斯特王朝的永远消失以及约克王朝的覆灭，亨利·都铎以亨利七世的身份登上了王位，但是哪些人助他登上了王位呢？

亨利七世

所属联盟：都铎派
寿命：52
政治实力：9/10
军事实力：7/10

约克的伊丽莎白

所属联盟：约克家族和都铎派
寿命：37
政治实力：3/10
军事实力：2/10

玛格丽特·博福特

所属联盟：兰开斯特家族和都铎派
寿命：66
政治实力：10/10
军事实力：7/10

所属联盟：亨利七世是都铎派的领袖，这一派别决心将理查三世赶下王位。

寿命：国王生于1457年，1509年死于肺结核。

政治实力：亨利是一位精明的政治家，他成功地获得并保住了英格兰王位，且在经历了几十年的战争后统一了王国的大部分领域。

军事实力：虽然亨利通过战争赢得了王冠，但作为国王，他积极避免战争，在国内外维持和平。

简介：在他母亲玛格丽特·博福特的鼓励下，亨利成为兰开斯特事业的最后希望。他答应娶约克的伊丽莎白，并接受伊丽莎白母亲伍德维尔家族的支持。亨利入侵英格兰，在博斯沃思役中打败了理查三世。虽然亨利通过母亲继承了兰开斯特家族的血脉，但他出生在都铎派，因此他的统治标志着都铎王朝的开始。

所属联盟：约克的伊丽莎白出生于约克家族，后来作为亨利七世的妻子，成为都铎家族的忠诚成员。

寿命：伊丽莎白出生于1466年，1503年在生女儿时去世。

政治实力：由于婆婆的专横跋扈，伊丽莎白在政治上的影响力并不大，但她还是在战争中幸存下来，成为了王后。

军事实力：伊丽莎白没有参与军事，但她的家人确实支持了亨利入侵英格兰。

简介：在嫁给亨利七世之前，伊丽莎白经历了父亲、两位兄长和叔叔的统治。两位兄长去世之后，伊丽莎白有强烈的主张通过她父亲约克家族国王爱德华四世获得王位。她与亨利七世的婚姻不仅联合了一直处于交战之中的约克和兰开斯特这两大家族，还巩固了她丈夫的王位继承权。

所属联盟：玛格丽特是兰开斯特家族的忠实支持者，她的儿子，未来的亨利七世继承了兰开斯特家族的事业。

寿命：她出生于1443年，1509年自然死亡。

政治实力：玛格丽特不断地谋划推翻约克家族，在她儿子统治期间，她的政治影响力很强大。

军事实力：虽然没有亲眼见证儿子的胜利，但玛格丽特在为亨利组织和提供盟友方面贡献颇多。

简介：玛格丽特善于操纵，她一直为兰开斯特家族的事业而战，而且从未放弃她儿子亨利成为国王的希望。通过其第四任丈夫托马斯·斯坦利，玛格丽特成功地留在了爱德华四世和理查三世的宫廷里；在此期间，她一直在密谋恢复兰开斯特家族在英格兰王位的合法地位。在博斯沃思战役中，她的丈夫为亨利提供了军事援助。

◆ 兰伯特·西姆内尔 ◆

所属联盟:	约克家族
寿命:	约57
政治实力:	1/10
军事实力:	2/10

所属联盟：自称为沃里克伯爵爱德华·金雀花的西姆内尔支持约克家族。

寿命：西姆内尔生于约1477年，死于1534年，死因不详。

政治实力：虽然他是约克家族叛党的门面，但他还只是个孩子，真正的权力掌握在约翰·德·拉·波尔手中。

军事实力：他的叛乱获得了一些支持，但被国王的军队镇压了。

简介：西姆内尔冒充了克拉伦斯公爵乔治之子爱德华·金雀花，即约克家族的王位继承人。爱德华当时被囚禁在伦敦塔，但由于他们的外貌相似，约克家族便将西姆内尔作为起义的由头。由于他只是个小男孩，所以最终起义被镇压后他得到亨利七世国王的赦免，后来在王室厨房工作。

◆ 约翰·德·拉·波尔 ◆

所属联盟:	约克家族
寿命:	25
政治实力:	6/10
军事实力:	5/10

所属联盟：德·拉·波尔是理查三世的侄子和支持者，他对约克家族忠心耿耿，领导了一场旨在推翻亨利七世的叛乱，但失败了。

寿命：他出生于1462年，1487年死于战斗。

政治实力：他组织了叛乱，并成功获得了一些人的支持。

军事实力：德·拉·波尔召集了一支军队起义，但却被国王的军队击败了。

简介：在理查三世之子以及继承人去世后，德·拉·波尔被视为其叔叔潜在的继承人。理查被杀后，他留在了亨利七世的宫廷，发现兰伯特·西姆内尔之后，便开始策划叛乱。德·拉·波尔从自己的姑妈约克的玛格丽特那里获得了经济支持，并在爱尔兰得到了军事支持后，他便领导起义入侵英格兰，但却在与国王军队的作战中被杀。

◆ 理查三世 ◆

所属联盟:	约克家族
寿命:	33
政治实力:	8/10
军事实力:	7/10

所属联盟：作为约克家族的一员，理查三世是英格兰最后一位约克家族国王。

寿命：理查生于1452年，1485年于博斯沃思战役阵亡。

政治实力：关于理查究竟是篡位者还是合法的国王这一点仍在争论之中，但无论如何，他还是成功地登上了英格兰的王位。

军事实力：1483年，理查镇压了白金汉公爵的叛乱，但他最终在博斯沃思战役中被杀。

简介：由于伦敦塔两位王子一案，理查三世成为英格兰历史上最具争议的国王之一。尽管如此，他对其兄长爱德华四世还是很忠诚的，而且他在英格兰北部很受欢迎。在爱德华的子嗣被认为是非婚生子之后，他成为了国王，但他只在位了两年就在博斯沃思战役中被杀，致使亨利·都铎登上王位成为亨利七世。

◆ 约克的玛格丽特 ◆

所属联盟:	约克家族
寿命:	57
政治实力:	9/10
军事实力:	6/10

所属联盟：玛格丽特是爱德华四世的妹妹和理查三世的姐姐，是约克家族的成员和忠实的支持者。

寿命：玛格丽特出生于1446年，1503年死于不明原因的疾病。

政治实力：约克家族不再统治英格兰后，玛格丽特尽其所能地反对都铎派的统治。

军事实力：玛格丽特为兰伯特·西姆内尔和珀金·沃贝克的叛乱都提供了经济支持。

简介：在经历了玫瑰战争的动荡之后，玛格丽特仍然继续支持她的兄弟们，即使嫁给了勃艮第公爵大胆查理之后，也依然如此。理查三世去世后，她支持了兰伯特·西姆内尔的叛乱，并公开承认珀金·沃贝克是她的侄子。玛格丽特是否真的相信沃贝克是她的亲属也好，还是亨利七世拿她也没有办法，因为她是神圣罗马帝国皇帝马克西米利安一世（Holy Roman Emperor Maximillian I）的继岳母。

◆ 亨利·珀西 ◆

所属联盟:	约克家族和都铎派
寿命:	40
政治实力:	8/10
军事实力:	9/10

所属联盟：爱德华和理查统治时期，珀西是约克家族的支持者，后来又支持了亨利七世。

寿命：珀西出生于1449年，1489年被谋杀。

政治实力：在爱德华、理查和亨利统治期间，他都一直受宠。

军事实力：珀西负责指挥约克家族的后备军，但他没有让自己的军队信守诺言，最终导致理查在博斯沃思战役的失败。

简介：珀西的父亲是兰开斯特家族支持者，在与约克家族的战斗中阵亡。珀西设法向爱德华四世请愿，要求恢复其爵位和封地。爱德华和理查在位期间，他担任了许多重要职位，但在博斯沃思战役期间，他却作壁上观。珀西最初被亨利七世逮捕，后来重获诺森伯兰郡伯爵的头衔和在宫廷中的地位。之后，他在反抗亨利七世的税收政策时被处以极刑。

战争与杀戮

1485—1487

理查三世在博斯沃思战败后，亨利七世即位，继而镇压了各地的动乱。

作者：威廉·E. 威尔士

博斯沃思战役
1485年8月22日
都铎派

为了从国王理查三世手中夺取王位，里士满伯爵亨利·都铎率领兰开斯特家族军队在莱斯特郡与理查的约克家族军队作战。托马斯·斯坦利勋爵和威廉·斯坦利伯爵最初拒绝派兵支持任何一方。两军在斯坦利的作壁上观下兵戎相见。理查希望与亨利单独作战，他试图接近对手，却从马上摔了下来而被杀死。此时，斯坦利的军队做出了选择，帮助亨利击溃了约克家族军队。

斯托克战役
1487年6月16日
都铎派

愤愤不平的约克家族利用英格兰平民兰伯特·西姆内尔冒充沃里克第17世伯爵爱德华，但这个诡计是不可信的，因为爱德华被囚禁在伦敦塔。在爱尔兰做好作战准备后，这位冒牌者召集的爱尔兰、德国和瑞士雇佣军在兰开夏郡登陆。国王亨利七世的军队在诺丁汉郡拦截了叛军。虽然王室先锋部队被约克家族军队重创，但王室军队主力及时赶到，彻底粉碎了这位年轻的冒牌伯爵率领的军队。

> 虽然王室先锋部队遭到约克家族的重创，但王室军队主力还是及时赶到了。

清洗金雀花王朝

在背叛不忠和阴谋诡计中，
都铎派为了保住自己王位而全力以赴。

作者：琼恩·莱特

都铎王朝的编年史家爱德华·霍尔认为，1485年亨利七世登上英格兰王位是一件天大的好事。霍尔写道："现在是时候阻止派系动荡的种子萌芽和民间纷争的迸发，并将其清除干净了。"兰开斯特家族在博斯沃思胜利之后，紧接着亨利便与爱德华四世的女儿约克的伊丽莎白结了婚，于是"在财富、名誉和荣誉上门当户对、旗鼓相当的两大家族结束冲突碰撞，紧密地联结在了一起"。然而，对许多人来说，并非"觉得英格兰的和平是从天而降的，轻而易举便获得"，都铎王朝的第一任君主也不得不面对"其秘密敌人的阴谋诡计和潜伏陷阱"。因此，亨利从一开始就"设计、研究并专注于铲除和根除一切内部叛乱"，就不足为奇了。

我们十分熟悉都铎王朝的成就，因此很难理解这个王朝在最初的几十年里有多么脆弱。回顾16世纪50年代的相对平静，许多人都试图恢复约克王朝的财富，于是霍尔迫不及待地谴责了这些罪犯。勃艮第公爵夫人玛格丽特，也是爱德华四世的妹妹，最让霍尔厌烦，用他的话来说，已经"激起了恶毒和恶魔本能的她谋划并实施了一切所能想到的办法使英格兰国王不幸、不悦和受伤，她绞尽脑汁要吸干他的血，将他毁灭"。我们将会看到，玛格丽特并不是唯一一个想要破坏甚至消灭都铎

▲ 斯托克战役失败后,西姆内尔被迫到王室厨房里工作

西姆内尔只是一枚棋子,不应该为这起叛乱背负什么责任,他后来被迫在王室厨房里工作。

王朝的人。但是，如何实现这一目标呢？

　　人们通常认为亨利七世对英格兰王位的要求没有说服力，这一观点非常苛刻。通过他的母亲玛格丽特·博福特，亨利成了爱德华三世之子冈特的约翰的直系后裔，因此，他身上流淌着有点儿遥远但仍然有意义的王室血液。然而，其他人有同样或更有说服力的王位主张，他们成为了威胁亨利统治的反叛阴谋的关注焦点。

　　沃里克伯爵爱德华·金雀花是克拉伦斯公爵之子，因此也是爱德华四世和理查三世的侄子。他自然而然地成为了许多约克家族心中亨利七世的首要替代者。在自己的统治早期，亨利把10岁的沃里克从约克郡的谢里夫哈顿（Sheriff Hutton）移到了伦敦塔。尽管沃里克一直被安全地锁在塔内，但关于他逃跑的流言还是传开了，还有人认为，沃里克的父亲早就把他和另一个婴儿在摇篮里交换了，也许真正的沃里克仍在潜逃。尽管这一切都毫无根据，但人们的推测促使兰伯特·西姆内尔顺利地假冒成年轻的沃里克，这还是有点儿可行性的。这一欺骗的起源很复杂。虽然人们通常认为心怀不满的牧师理查·西蒙兹是主要策划人，但该计谋非常周密，不可能是一位特立独行的牧师的主意。不管怎么说，这个诡计在爱尔兰进行得特别顺利。爱尔兰一直是约克家族同情的温床，像爱尔兰大法官托马斯·菲茨杰拉德（Thomas Fitzgerald）和基尔代尔伯爵杰拉德·菲茨杰拉德（Gerald Fitzgerald, Earl of Kildare）这样的大人物都支持西姆内尔的诉求。

　　回到伦敦，人们费了很大力气才揭露了西姆内尔是冒牌货。1487年2月，真正的沃里克被释放并游街示众，"他穿过所有的主要街道……给人们看"，他被"庄严地押往圣保罗教堂……而且游行的方式也很好，一些贵族和有身份的人，特别是那些国王最怀疑、最了解金雀花王朝的

人，一路上还和这位年轻的绅士进行了交流"。这一策略奏效了，"因为这些臣民可能是被误导的，至少许多是出于失误，而不是出于恶意"。但是，爱尔兰的局面却截然不同，那里的伪装游戏越演越烈。1487年5月，西姆内尔在都柏林（Dublin）加冕为爱德华六世。

　　1487年初，西姆内尔短暂访问低地国家时，勃艮第的玛格丽特曾热情地欢迎了他。而且，没过多久，军队（主要是德国雇佣兵）就踏上了前往爱尔兰的路。在这一阶段，两位落魄的英格兰贵族在西姆内尔事件中扮演了主要角色：洛弗尔子爵（Viscount Lovell）刚刚挑起了一场反对亨利的叛乱，林肯伯爵则一度被大肆吹捧为理查三世的合法继承人。6月，一支军队穿过爱尔兰海，在兰开夏郡的弗内斯（Furness）登陆，穿过奔宁山脉（Pennines）进入约克郡，然后向南进发。在6月16日的斯托克战役中，亨利七世准备充分，赢得了绝对胜利。林肯在战场上丧生，洛弗尔很可能逃到了苏格兰，而小男孩西姆内尔只是一枚棋子，不应该为这起叛乱背负什么责任，据说后来他被迫一直在王室厨房工作。事实上，仁慈在整个西姆内尔叛乱中扮演了重要角色，因为亨利常常通过赦免以分化自己的对手。然而，随着新的、更紧迫的挑战出现，亨利的宽容将显示出其局限性。

　　如果沃里克是约克家族谋划策反的完美工具，那么爱德华四世之子将更加强有力。在亨利登上王位之前，伦敦塔里的那两位著名的王子十有八九已经被除掉了，但事实再一次没能阻止人们的幻想。1491年12月，来自图尔奈（Tournai）的珀金·沃贝克和他的雇主，布列塔尼的丝绸商人出差时，一起来到科克郡（Cork）。这一诡计是如何策划的，具体细节尚不清楚，但以约翰·泰勒（John Taylor）为首的约克家族拥护者说服了沃贝克假扮爱德华之

子理查。令人震惊的是，一大批亨利的海外竞争对手们纷纷承认沃贝克是推定的理查四世。爱德华四世的儿子们到底发生了什么事，我们无从得知，但与有机会推翻亨利七世的统治相比，事情的真相似乎根本不重要。1492年3月，查理八世（Charles VIII）欢迎沃贝克来到法国。沃贝克来到低地国家时，勃艮第的玛格丽特承认他是自己深爱的侄子理查。沃贝克甚至远赴维也纳，受到神圣罗马帝国皇帝马克西米兰一世的款待。

沃贝克起义在英格兰政治体制的核心也获得了支持，甚至动摇了国王家族大臣威廉·斯坦利爵士的忠诚。斯坦利爵士于1495年2月在塔丘（Tower Hill）被砍头。这一威胁远比西姆内尔那次事件的情况危险得多：如果一支侵略军在1495年7月成功登陆肯特郡，历史的结局可能会大不相同。事实上，叛乱在海滩上爆发时，沃贝克逃脱了。在爱尔兰的沃特福德之围停留了一段时间之后，沃贝克继续前往苏格兰，并受到国王

▲ 亨利七世和约克的伊丽莎白的联姻统一了两大敌对家族

邪恶的公爵夫人

她是约克家族试图将亨利七世赶下王位的幕后推手

勃艮第公爵夫人玛格丽特（1446—1503）作为一位执着地反对亨利七世的策划者，其形象贯穿整个都铎时代及以后。早在17世纪，托马斯·盖恩斯福德（Thomas Gainsford）的语气就和爱德华·霍尔一样恶毒。盖恩斯福德写道，玛格丽特对兰伯特·西姆内尔冒充行为的失败深感失望，于是"她夜以继日地研究了越来越多的教唆煽动，像猎鹰一样盘旋着，等待下手抓捕猎物的机会；祈求搅扰英格兰的和平：她抱着各种奇怪狡诈的幻想，不在意自己的恶意和报复会引起怎样的荒谬和不可能的行为。"在盖恩斯福德看来，玛格丽特打定主意要将亨利七世拉下马，"一个让她跪着诅咒，让她的憎恨甚至超越了女性柔情的男人"。

尽管这些描述略显夸张，但玛格丽特确实非常反对亨利的统治，她似乎在西姆内尔和沃贝克的事件中都扮演了重要的角色。为支持沃贝克而出征爱尔兰的军队是由玛格丽特资助的，她很可能认为沃贝克就是她的侄子理查。在1492年8月她写给密友卡斯提尔的伊莎贝拉（Isabella of Castile）的信中也说了同样的话。

然而，玛格丽特并不仅仅是约克家族的老祖母，她的宫廷吸引了许多对都铎王朝怀有敌意的英格兰流亡者。1468年，玛格丽特嫁给了夏洛莱伯爵查理（Charles, Count of Charolais），她证明了自己是一位虔诚的宗教信徒和敏锐的知识分子，热情地支持新兴的印刷术革命。她最后一次访问英格兰可能是1480年，尽管她拒绝承认5年后亨利七世的即位，但两国终于在1498年勉强实现了姗姗来迟的和平。毫无疑问，这更多是出于外交需要的结果，而不是支持都铎王朝的真正转变。玛格丽特是彻头彻尾支持约克家族的。

▲ 一位15世纪晚期的荷兰艺术家为勃艮第公爵夫人玛格丽特创作的肖像画

▼ 1505年一位不知名的荷兰画家画的亨利七世的画像

在他统治的其余时间里,对他继承王位合法性的挑战成为了一种困扰。

詹姆斯四世(James IV)的热情款待。国王为沃贝克和凯瑟琳·戈登小姐(Lady Katherine Gordon)安排了一场盛大的婚礼,二人还在婚礼庆典上骑马比武。到1496年9月,两人率军越过边境入侵了英格兰。此次入侵仍然无果,只证明了沃贝克的坚韧不拔无可挑剔。他经由爱尔兰到达了西南部诸郡,当地人自1497年5月以来就一直反对亨利七世的财政政策。在进军伦敦的途中,他们在布莱克西斯被击败后,许多人被沃贝克的旗帜所吸引,而且虽然围攻埃克塞特失败了,但对羽翼未丰的都铎王朝来说,这是真正危险的几年。但同时沃贝克也意识到自己的计谋已经用尽,在汉普郡的比尤利亚修道院(Beaulieu Abbey)暂时避难后,他在确保自己不会被杀的前提下投降了。

亨利七世没能信守诺言。沃贝克最终被押

至伦敦塔——沃里克伯爵的关押地。克拉伦斯之子所带来的危险并没有消失。1499年的忏悔星期二（Shrove Tuesday），拉尔夫·威尔福德（Ralph Wilford）在老肯特路被绞死。这位主教门大街（Bishopsgate Street）的鞋匠（cordwainer）之子和之前的西姆内尔一样，也冒充了沃里克。一场解救沃里克和沃贝克的阴谋开始了，亨利七世的耐心走到了尽头。1499年11月23日，珀金在泰伯恩刑场（Tyburn）被绞死，5天后沃里克在塔丘被处决。

沃里克拥有巨大的象征权力，常常是亨利七世实现更广泛的外交和王朝目标的一大障碍。正如托马斯·盖恩斯福德后来所说的，沃里克证明了亨利七世的统治"对生活在金雀花王朝时代的任何族人来说都是危险"。当然，盖恩斯福德很快补充道，杀死沃里克，"别无他法，只有通过有序的程序和正当的理由"。亨利为了"平息眼前和将来的一切麻烦……砍掉了沃里克的脑袋，同时也斩断了所有分裂和纷争的源头"。考虑到约克家族在以后几十年对王位的坚持，这一观点被证明过于盲目乐观。

至于珀金·沃贝克的叛乱，爱德华·霍尔（Edward Hall）称，在整个15世纪90年代："没有一个人的内心是平静和谐的，他的大脑和感官每日都要思考这一重大问题。"这一记忆对亨利七世而言无疑是沉重的，在他其余的统治时间里，对其继承王位合法性的进一步挑战成为了一种困扰。与伊丽莎白一世（Elizabeth Ⅰ）后来策划的任何活动都不相上下的间谍网展开；外交条约包括反对包庇叛徒条款的签订；亨利向海外统治者提供了一笔不小的"贷款"，更准确地说是贿赂。尽管如此，沃贝克和沃里克死后，亨利并没有得到喘息的时机。1502年，亨利之子亚瑟之死使都铎政权的稳定受到严重的影响。那时，金雀花王朝的另一个分支已经开始搬弄是非。这一次，嫌疑落在了伊丽莎白的后代身上，伊丽莎白是爱德华四世的另一个妹妹，也是约翰·德·拉·波尔的妻子。我们已经见识过这对夫妇的一个儿子——林肯伯爵：15世纪80年代，林肯伯爵加入了兰伯特·西姆内尔的行列，但在16世纪初，他的兄弟萨福克伯爵埃德蒙占据了政坛中心。埃德蒙与亨利七世的关系一直很紧张，但他却表现出了极其忠诚的姿态，1497年，帮助亨利对抗西南部诸郡的叛乱。与埃德蒙卷入的一起谋杀案有关的临时叛逃和未经许可的海外之行，引起了国王的警惕，但他一回来，一切都似乎恢复正常。后来，1501年8月，他在兄弟理查的陪同下再次横渡英吉利海峡。此时，他对英格兰王权的合法要求再也无法抑制。在得到了马克西米利安皇帝的支持后，埃德蒙于年底来到亚琛（Aachen），打算入侵英格兰，虽然这一计划没有实现，但他在国内的朋友和盟友很快就感受到了亨利七世的愤怒。国王下达了剥夺公民权令，监狱人满为患，埃德蒙的亲信詹姆斯·提利尔爵士也被处决了。马克西米利安皇帝的重要支持化为泡影，所以1504年复活节，埃德蒙离开亚琛，在前往弗里斯兰（Friesland）的途中被格尔德雷斯公爵（Duke of Gueldres）抓住。埃德蒙被勃艮第的菲利普监禁，而客观环境似乎共同导致了亨利七世将德·拉·波尔作为囚徒弄到手。其实到了这个时候，埃德蒙的反叛欲望已经变味。到1506年4月，他已经被关进了伦敦塔。亨利七世再一次承诺会赦免叛逆者，但我们很快就会发现，亨利之子和继承人并不会延续这一承诺。

亨利七世统一兰开斯特和约克这两大交战家族的形象并非没有好处。正如弗朗西斯·培根后来所说的那样，虽然国王"疑心极重"，但他并没有刻意去敌视约克家族的同情者以及以前的敌人。这些人完全有可能在博斯沃思与亨利交战过,然后在表现出适当的忠诚之后,在都铎王朝早期的宫廷里追求锦绣前程。至于那些奋起反抗亨利的人,培根总结说:"这么大的叛乱之后,因受到牵连而流血的人却如此之少,实在前所未有。"但是,这一断言有些过赞了,肯定会让数十名在1495年肯特郡登陆失败,或西南部诸郡叛乱之后被杀的人感到吃惊。不过,公平地说,亨利没有一时兴起就处决人的习惯。

1509年,当亨利八世登上王位时,约克家族的威胁仍然非常明显,把我们拉回了德·拉·波尔兄弟时期。在亨利七世统治的最后几年里,理查·德·拉·波尔是一颗长期毒瘤,不断谋划从苏格兰入侵英格兰,从意大利那些高官贵爵中寻求支持,还远赴布达(Buda,匈牙利境内)与拉迪斯劳斯六世(Ladislaus VI)磋商。显然,理查想要叛国,但在下个统治初期,他开始为法国国王路易十二(Louis XII)与英格兰人作战时,所有早期的轻罪都被抛诸脑后。就在这个关键时刻,亨利八世于1513年5月下令处决理查的兄弟埃德蒙。理查的回应是公开宣布要求他所谓的英格兰王位继承权,并在接下来的十年里,他一直做着种种背叛之梦。然而,没有一个梦想得到实现。1525年,理查在帕维亚(Pavia)战役中阵亡。

此时,约克家族对都铎统治发起有意义的挑战的希望已越来越渺茫,但金雀花王朝在此地仍有足够的人际关系,对亨利八世的抱怨也足以令其保持高度警惕。在这种持续监视环境下的

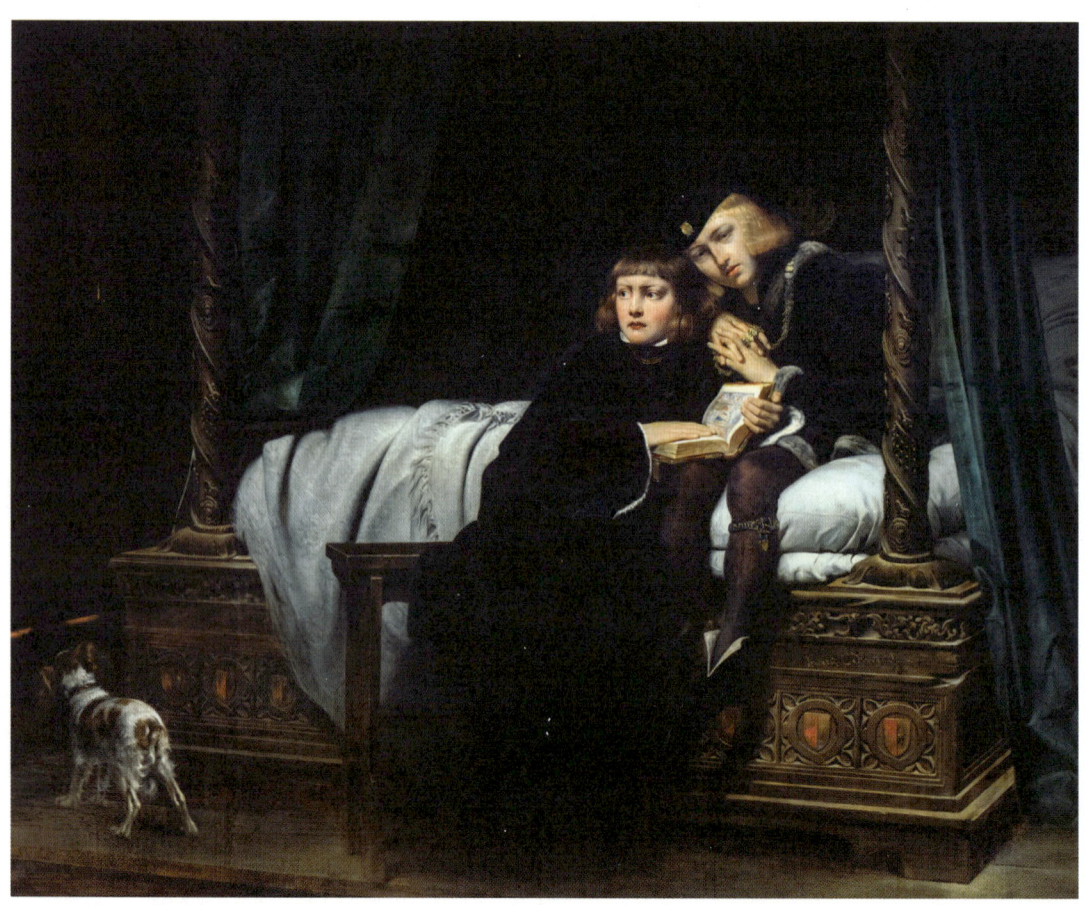

▲ 19世纪,法国著名画家德拉罗什创作的塔中王子

▶ 沃贝克与欧洲的国王和皇帝结盟之后,并未能将自己推上王位,因此,不得不到汉普郡的比尤利修道院里避难

▲ 为了维持和保护自己的统治,年轻的亨利七世精心打造了一张间谍网

人们对亨利八世的抱怨之多，足以令其保持高度警惕。

受害者并不总是只能接受不幸的命运。玛格丽特·波尔（Margaret Pole）是沃里克伯爵的妹妹，她的姓氏来自她的丈夫理查·波尔爵士（Sir Richard Pole），不要把这个波尔爵士和不幸的理查·德·拉波尔混为一谈。尽管在国王亨利八世的统治下，她的家族也重新受到王室的青睐，并于1512年重新获得了索尔兹伯里伯爵的领地。然而，玛格丽特对阿拉贡的凯瑟琳和她女儿玛丽的支持与亨利王朝背道而驰，她儿子的滑稽行为也没有得到认可。

曾强烈支持亨利与凯瑟琳离婚的雷金纳德·波尔（Reginald Pole），在16世纪30年代的大部分时间里，都在谴责新建立的王权凌驾于英格兰教会之上，哀叹英格兰与罗马的决裂，并煽动国内外人谴责亨利。波尔反对王权至上的小册子《论团结》（De Unitate）引起了骚乱，而玛格丽特对儿子可有可无的责骂（她只称其行为"愚蠢"）并没有给亨利和他的大臣们留下什么深刻的印象。雷金纳德在欧洲大陆上开创了令人钦佩的牧师生涯，但这并没有阻止亨利批准各种针对他的暗杀企图。在英格兰，蒙塔古勋爵亨利·波尔深受他兄弟雷金纳德行为的困扰，不断表现出对国王的忠诚。遗憾的是，他因为与雷金纳德是兄弟并与金雀花王朝的其他显要人物关系密切——包括埃克塞特侯爵亨利·康特奈（Henry Courtenay, Marquess of Exeter），有人怀疑康特奈心怀狼子野心，欲图谋不轨——而受到严惩。波尔的另一个兄弟杰弗里的指控更是火上浇油。1539年1月，亨利·波尔和康特奈（Courtenay）被处决，据说，他们的罪行包括诅咒国王。

时代就是这样，玛格丽特·波尔可能也要面对亨利的愤怒，尽管人们远不清楚到底要定她什么罪，但正如控告所坚称的那样，"可憎可恶的叛国罪"。1541年5月27日，67岁的她在伦敦塔被处死，由一个"卑鄙无耻的、笨手笨脚的年轻人"执行。

那些带有约克家族血统或同情约克家族的人关于未来的谋略，注定不会超出闹剧的水平。到了玛丽·都铎统治时期，留给愚昧的托马斯·斯塔福德（Thomas Stafford）的是一场命中注定的败局。他的两位祖父母，前面提到的玛格丽特·波尔和第三代白金汉公爵都因叛国罪而被处死，斯塔福德保持了家族传统。然而，他的整个复仇事业实在可怜，1557年4月对斯卡伯勒城堡（Scarborough Castle）毫无意义的占领就是一大败笔。我们很难知道，斯塔福德是真的认为自己有权继承王位，还是只是精神错乱了。

都铎王朝就永不会缺少对手。关于在简·格雷夫人短暂的在位期间发生的混乱事件并没有那么快被遗忘，苏格兰女王玛丽的存在也充分表明，在伊丽莎白统治期间，不同的王朝仍然可以激发热情。

1581年，安东尼·芒迪（Anthony Munday）出版了一本书名很能说明问题的书，这本书出版得恰逢其时，书名为《英格兰人要警惕背叛行为之忠告》（A Watch-Woorde to Englande to Beware of Traytours and Tretcherous Practices）。芒迪写道：叛国"在上帝的眼里，是最丑陋的行为"，书中的第一部分详细描述了英格兰历代君主通常是如何处置造反的臣民的，比如珀金·沃贝克和沃里克伯爵。与往常一样，诋毁名声会给

▲ 玛格丽特·波尔被笨手笨脚的刽子手执行死刑

宣传带来巨大的优势，但芒迪的目的不只是上一堂历史课。

他责备读者："也许你会说，这些事情都已经过去了，他们只不过是少数几个冒犯者，而且他们已经为自己的不端行为受到了应有的惩罚，如今这些人也已经完全被人们淡忘了。"事实上，芒迪警告说，"盲目地自以为是"或许是大错特错。现在的威胁不同了，但正如伊丽莎白时代的每个人都知道的那样，这些背叛行为仍然是真实存在的，而且一如既往，可能来自于国家的中心。

芒迪咆哮道："所有这些邪恶的小鬼都是你自己养大的，你所培养的这些孩子，就好像刺刺穿了你的肠子，摇晃你所有的筋骨，没错，几乎吸干了你关节里的骨髓。"这些话至今仍在英格兰都铎王朝动荡不安的政界中回响。

间谍网

国王千方百计地维护自己的王位

我们都非常熟悉伊丽莎白一世建立的错综复杂、无孔不入的间谍网，但这样的间谍网在都铎王朝早期便有先例。面对如此多的挑战，亨利七世不仅千方百计地保护自己的人身安全，还挖空心思获得潜在对手的情报。17世纪20年代，弗朗西斯·培根所发表的关于亨利七世统治的叙述，在接下来的两个半世纪里极具影响力，他描写了一位时刻保持高度警惕的君主。培根写道："他小心翼翼而又广泛地从海外各地收集有效的情报。"无论是招募旅行者、旅居国外的英格兰人，还是驻外大使，"他的指示总是极端、古怪而又明确"。亨利还采用了一些更隐蔽的方法，"特别是特工，他确实在国内外雇佣这些特工来查获对自己不利的做法和阴谋"。培根解释说，亨利"让这些间谍一直忙个不停"，而且，这种做法当然不应该"受到谴责，因为如果派遣间谍应对合法的敌人是合法的，那么应对阴谋家和叛徒就更合法了"。

培根相信亨利的做法会卓有成效："当然，他雇佣这些间谍还有另外一个好处，那就是揭露了许多阴谋，因此，毫无疑问，间谍们的名声和怀疑令许多阴谋未遂（这一点毫无疑问）。"对于这位历史学家来说，难点总是在于精准地确定谁是招募而来的间谍。在16世纪埃德蒙·德·拉·波尔的阴谋诡计中，一些特工潜入了埃德蒙在欧洲大陆的队伍中，但是，对于有些人而言，我们很

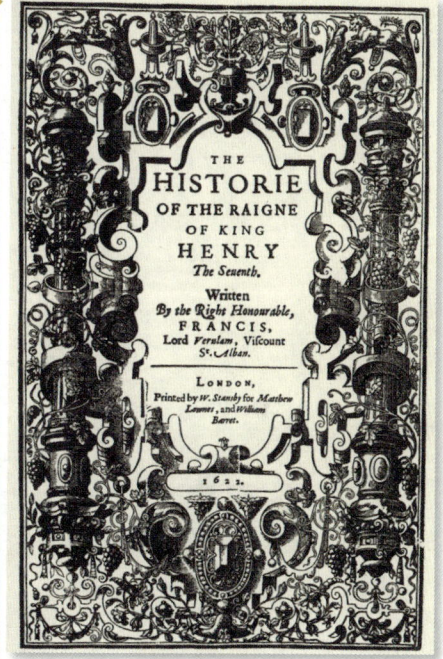

难确定他们究竟效忠于谁。罗伯特·寇松爵士（Sir Robert Curzon）在所有的阴谋都失败后，确实逃到了佛兰德斯（Flanders），但他真的是埃德蒙的支持者吗？抑或说，他其实一直对亨利忠心耿耿？就像波利多尔·弗吉尔（Polydore Vergil）描述的那样，他是"一个勇敢而又深思熟虑的人吗"？

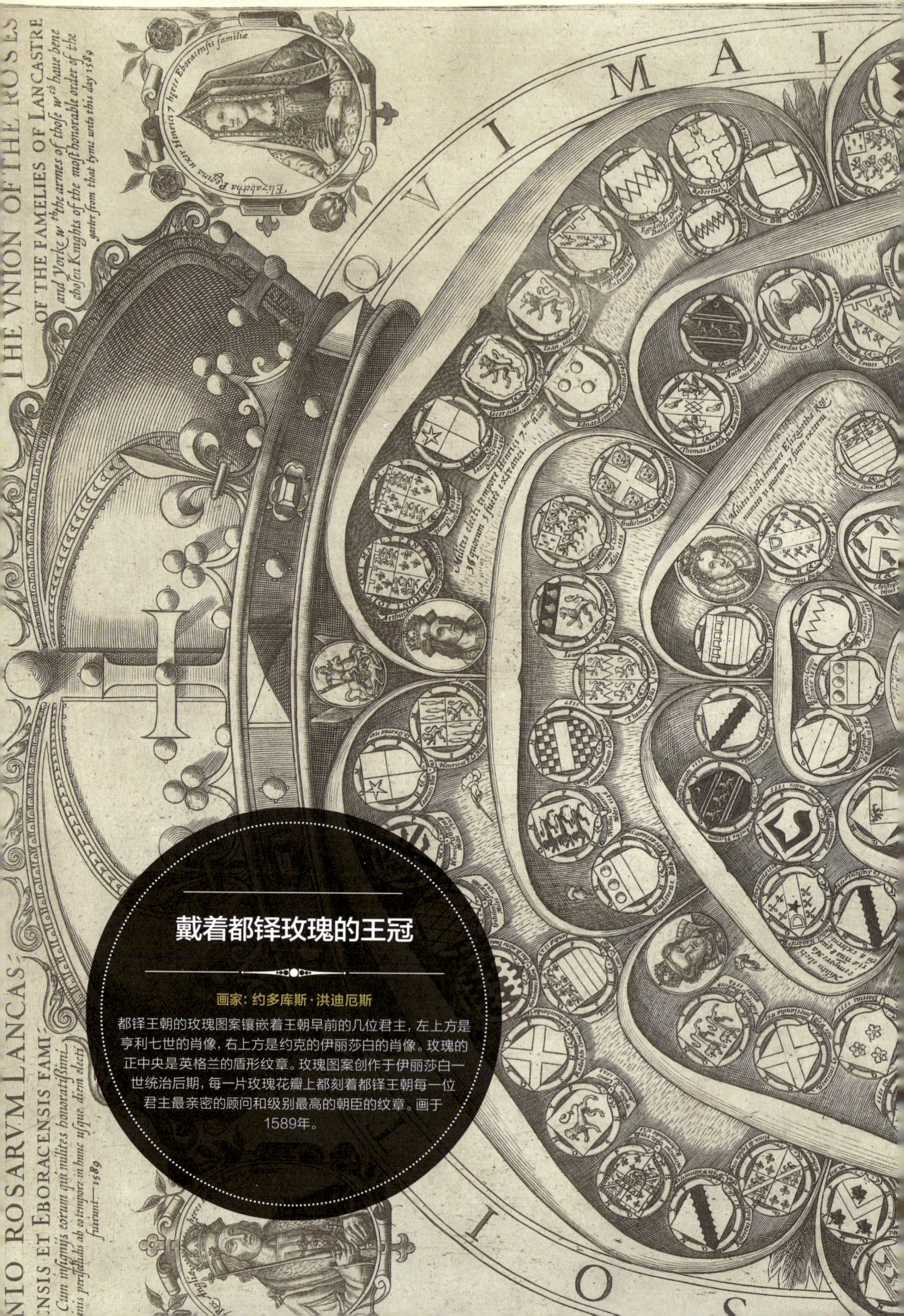

戴着都铎玫瑰的王冠

画家：约多库斯·洪迪厄斯

都铎王朝的玫瑰图案镶嵌着王朝早前的几位君主，左上方是亨利七世的肖像，右上方是约克的伊丽莎白的肖像。玫瑰的正中央是英格兰的盾形纹章。玫瑰图案创作于伊丽莎白一世统治后期，每一片玫瑰花瓣上都刻着都铎王朝每一位君主最亲密的顾问和级别最高的朝臣的纹章。画于1589年。

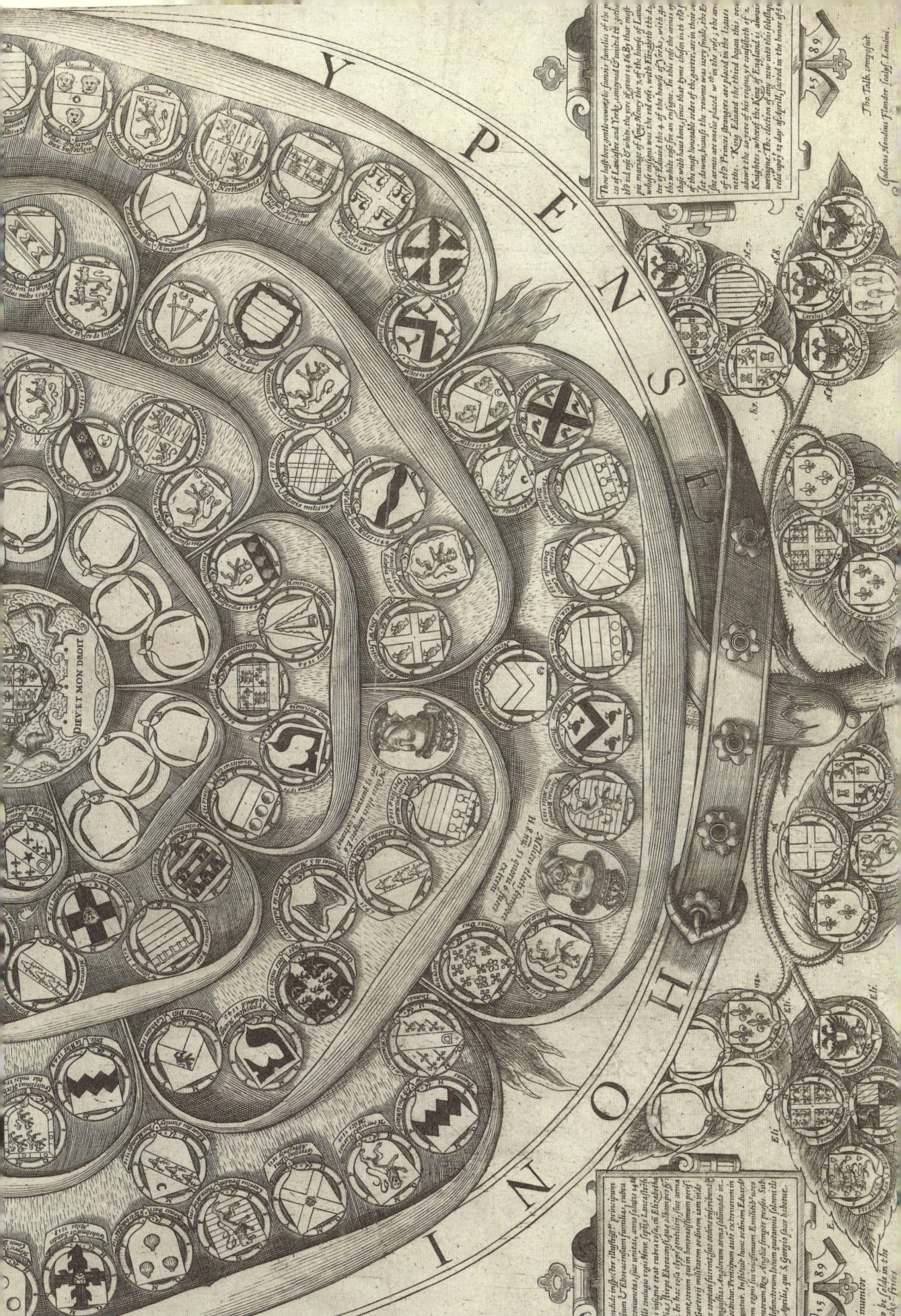

文字战争

在莎士比亚的帮助下，都铎派操纵和扭曲了历史，把自己塑造成英雄，而把金雀花派贬低为恶棍。

作者：弗朗西丝·怀特

尽管莎士比亚富有创新精神，想象力丰富，但他非常清楚那个时代的政治环境。他知道该讨好谁，该诋毁谁，尽管他首要考虑的一直是娱乐大众，但他是个聪明人，知道不能倒打一耙，忘恩负义。在他生命的大部分时间里，这位恩人就是伊丽莎白一世。女王是戏剧的超级粉丝，也是莎士比亚最热心的赞助人之一。莎士比亚本人在赞扬这位童贞女王时也总是毫不吝啬，《仲夏夜之梦》（*A Midsummer Night's Dream*）中整段优美的诗歌都是为她量身打造的。然而，莎士比亚也牢记着以略隐晦的方式来取悦自己的主要观众，尤其是他对玫瑰战争的描写。

当然，伊丽莎白本人是都铎派的，她是亨利八世的女儿及亨利七世的孙女，后者的军队在博斯沃思战役中击败了理查三世。玫瑰战争并非最近才爆发的，但玫瑰战争仍然影响着英格兰及其宫廷。随着西班牙无敌舰队的失败和英格兰在世界舞台上的迅速崛起，一种新的英格兰身份正在形成，因此，君主们非常希望自己也能成为其中的一员。伊丽莎白年龄渐长却没有继承人，而至关重要的是，英格兰不能陷入过去曾使其四分五裂的残酷内战中。为了这两个目标，莎士比亚的历史剧将发挥至关重要的作用。

对于一名出身卑微的工人阶级的剧作

▲ 《亨利六世:第三部分》的一个重要主题是:人为了复仇可能会陷入恐惧

莎士比亚的创作来源

莎士比亚并不是唯一一个为了达到自己的目的而篡改历史的人

▲ 尽管莫尔对理查的描述很糟糕，但理查被杀时，莫尔其实只有7岁

人们很容易把矛头指向莎士比亚——纵然不能算历代，也是那个时代最著名、最受认可的剧作家——但实际上，莎士比亚只是他那一代人的产物。他的剧只是将他人所写的关于人们的观点和对历史真相的信仰戏剧化了。从16世纪80年代开始，英格兰王室编年史剧越来越受欢迎。许多人认为这是由于新的历史作品提供了新的信息，并为雄心勃勃的新剧作家提供了满满的灵感。这里的问题是，这些剧作中很多文本都不符合史实，且本身就带有偏见。

非常著名的有爱德华·霍尔的《兰开斯特家族和约克家族这两大显贵家族的结盟》（The Union of the Two Noble and Illustre Families of Lancaster and York），这本书带有浓重的新教偏见；还有霍林斯赫德（Holinshed）的《英格兰、苏格兰和爱尔兰编年史》（Chronicles of England, Scotland and Ireland），莎士比亚曾广泛借鉴此书；还有另一位狂热的新教徒约翰·福克斯（John Foxe）及托马斯·莫尔的作品；后者的诽谤作品也许是促成理查丑恶形象的最重要的因素。

考虑到莎士比亚手头的资料，其作品沿用了大量的历史偏见也就不足为奇了。责任不应完全落在这位大诗人身上，还应落在编年史家们和鼓励诽谤和操纵事实的政权头上。

家来说，这是一个沉重的负担。莎士比亚在写历史剧时，必须把君主的正义、过去的弊病以及作为英格兰人的真正含义描绘出来。为了达到这些目的，莎士比亚不得不扭曲事实，夸大人物，有时甚至完全放弃真实的历史。虽然这些戏剧是他400多年前写的，但其中一些深深植根于英国人身份的描写，直到现在才开始受到挑战。

莎士比亚的第一部玫瑰战争戏剧是《亨利六世：第一部分》（Henry VI, Part 1），它描述了导致战争爆发的政治阴谋。金雀花王朝的主要人物是约克三世公爵理查·金雀花。莎士比亚将玫瑰战争描写成一场失控的争吵，波及整个宫廷。这部戏剧把约克描写成一位有点儿心胸狭隘、自私自利的人，为自己的复仇欲望所吞噬。在一部侧重于爱国主义的剧本中，在约克拒绝给一位需要帮助的同胞伸以援手，导致其中一名英雄死亡时，他对报复世仇的执念危害了国家的利益。约克执迷不悟，拒不对这一错误负责。接着，他俘获了琼·德·普赛尔（Joan de Pucelle，圣女贞德），残忍地嘲笑了这位少女，然后把她活活烧死。

莎士比亚戏剧中的约克冷酷无情、易怒而又极度自私。在听到英格兰和法兰西宣布和平时，约克勃然大怒，他被自己的野心所控制，而不是考虑国家的利益。在那个时代，英格兰人的爱国主义是国家认同的一个重要组成部分，约克把自己的欲望凌驾于国家之上，表现出几乎不可原谅的冷酷无情。尽管这部戏剧不像莎士比亚的《理查三世》（Richard III）那样胡言乱语，明显带有邪恶色彩，但它却肯定了金雀花王朝及其事业与英格兰利益的背道而驰。

然而，剧中并没有提及亨利六世有多么依赖约克，以及尽管经常受到国王的冷落，约克是如何一而再再而三地为国效力的。事实上，亨利自

▲ 整部戏剧中，亨利六世都在哀叹一个国家自暴自弃时所发生的野蛮行径

己在约克和萨默塞特的争吵中起到了推波助澜的作用：约克由于手下人员匮乏而挣扎时，亨利却为萨默塞特的军队提供了8000人。当然，杀死圣女贞德的人也不是约克，而且约克在剧中的许多残忍行为几乎没有任何历史依据。

在《亨利六世：第二部分》（Henry VI, Part 2）中，约克的一举一动都为他对英格兰王位的执着所左右。他在宫廷内拉帮结派，在爱尔兰寻求支持。剧中描写他雇佣了一个爱尔兰的叛乱者杰克·凯德（Jack Cade），在伦敦领导了一场叛乱。这场叛乱的确发生过，造成大规模的叛乱者与伦敦市民在伦敦桥上的血战。莎士比亚把这次叛乱的责任推到约克头上，立即对他进行了诋毁。然而，事实上，完全没有证据表明约克曾参与、资助或煽动过这场叛乱。描写到约克进入英格兰，声称想保护国王而实际上是确定自己对王位的要求时，约克的欺骗进一步突显出来。

在这部进一步诋毁金雀花王朝及其事业的剧作中，最不准确的描述可能就是亨利六世。国王的善良近乎被描绘得如圣人一般。他的语言甚至与《圣经》经文相呼应，比如他曾说："哦，不懂礼貌的人啊，他们不知道自己在做什么。"这与耶稣所说的"圣父啊，赦免他们吧，因为他们不知道自己在做什么"相呼应。他的行为也与历史截然不同，起义之后，剧中的亨利宽恕了所有投降者，让他们毫发无损地回家。而实际上，他处决了好几名领头人。莎士比亚笔下的国王亨利温文尔雅、热爱和平，只想行正义之事，而事实上他却远非完美。人们认为他软弱无能，而且他还以一阵阵的疯狂而闻名。正是他自己的无效统治引发了困扰他统治的叛乱，而约克绝不是唯一一个对他的统治不满的人。正因如此，约克一开始获得了许多人的支持。莎士比亚把亨利变成了一个圣人般的人物；反过来，他又把约克妖魔化，把金雀花王朝的事业描写成一种自私的权力追求，分裂了一个幸福、热爱上帝的英格兰。历史总是如此，事情并不是那么黑白分明。

我们开始看到更多著名的金雀花王朝的人物出现在《亨利六世：第三部分》（Henry VI, Part 3）中，不仅有约克，还有他的儿子爱德华、理查和乔治。紧接着描写了约克的死亡和爱德华的胜利，让爱德华继承了父亲的王位。该剧聚焦于战争的恐怖和撕裂这个国家的暴行。尽管如历史所言，双方都有实行暴力的一面，但金雀花派事业的邪恶堕落却几乎都得到了强调。约克手捧着萨默塞特公爵的头颅出场，展示了英格兰所曾经珍视的骑士传统的堕落。与此同时，剧作又一次将亨利六世描写得更加富有同情心，他悲叹生命的丧失和战争的恐怖。

这部戏剧还塑造了莎士比亚创作中最具标志性和争议性的人物之一——理查三世。几乎在他一成为格洛斯特公爵时，就秘密地透露了他想从兄长那里继承王位的野心，他还去伦敦塔谋杀了亨利。这完全没有历史依据。亨利很可能是在爱德华的命令下被杀的，他的死与理查无关。

另一个死在理查手上的是爱德华王子，因为爱德华不愿向金雀花家族三兄弟下跪，于是他们勃然大怒，将其刺死。这是关于爱德华王子之死的普遍说法，但所有这些都是都铎时代的作品，几乎可以肯定是虚构的，目的是引起人们对爱德华王子的同情和对金雀花派三兄弟的仇恨。爱德华王子之死的真相我们无从知晓，所有当时的作品只说他是在战场上被杀的。

《亨利六世：第三部分》中对理查的描写只是莎士比亚的《理查三世》的前奏。几百年来，这种描述使观众产生了分歧，激怒了历史学家，同时影响了人们对真正的理查的普遍看法。直到现在，在发现理查三世的尸体后，这位国王的形象才引起了英格兰人的关注，《理查三世》中的角色才真正受到质疑，谁才是真正的理查这一问

▲《亨利六世:第二部分》描写了仁慈的亨利六世和安茹的玛格丽特的婚姻

▲ 在真实的历史中，塔尔博特被视为民族英雄，法国人甚至为他立了一座纪念碑

题也被提了出来。

　　理查在剧中最明显的特征就是外貌。理查是一个丑陋的驼背，形容自己是"畸形、不健全"，丑陋到他无法享受生活的乐趣。他还有一只干瘪的手臂和一条跛腿。他对自己容貌的愤怒实际上促成了他的大部分行为，他说既然他不能成为一名英雄，那就变成一个恶棍吧。

　　并不是莎士比亚创造了理查的驼背形象，这是都铎王朝宣传的一个关键点，他们篡改了理查的画像以突显其身体缺陷。莎士比亚就是据此创作的，而且他刻画的驼背形象深入人心，几百年来，人们普遍认为理查是个驼背。但实际上，理查唯一的畸形是脊柱侧凸，表现为右肩略高于左肩。据信，这一缺陷根本微不足道，他身披铠甲时是看不出来的。他的敌人很可能是在他死后才发现的。这一点是有事实支撑的，即在他的一生中，没有一个同时代的批评家提到过这种畸形，这对他们来说很容易成为抨击的点。

　　如果理查真的有驼背或跛腿这样的残疾，那么他就很难穿上盔甲并参加战斗，而据我们所知，理查参加过许多场战役。当时的莎士比亚只是迎合了都铎王朝关于理查的宣传，以及邪恶不仅表现在人的内心，也表现在人的外表这一论调。

　　剧中的理查是个连环案密谋者和杀人犯。他迎娶了爱德华王子的遗孀安妮·内维尔，并告诉观众，一旦利用完安妮，他就会将她抛弃。然而，事实上，理查并没有杀死自己的第一任妻子（她很可能是死于肺结核），而且有记录显示，理查还在她的葬礼上公开哭泣。在剧中，理查还被刻画成一个不断玩弄女人的花花公子，因为他打算娶自己的侄女——约克郡的伊丽莎白。这是国王生前被迫否认的谣言。安妮·内维尔死后，其实理查把他的侄女送走了，并为她与梅加公爵葡萄牙王子曼努埃尔（Portuguese prince Manuel, Duke of Meja）的婚姻进行了谈判。至于他自己，他看中的是葡萄牙国王的妹妹琼（Joan）。他想娶自己的侄女这种说法纯属捏造。

　　也许剧中最大的错误就是嫁祸给理查的谋杀案数量巨大，实际上这些谋杀案与理查毫无关系。第一位受害人是克拉伦斯公爵乔治，他的弟弟。在剧中，理查命令两位杀手在伦敦塔里杀了克拉伦斯。其中一名杀手受到良心的谴责而拒绝执行，这一事实突出了谋杀行为的令人发指。另一名杀手执行了理查的指示，刺伤了克拉伦斯并将其溺死。谋杀的消息基本上要了本就病了的爱德华四世的命。这与已知历史偏离巨大。实际上应是爱德华四世杀了乔治，而且乔治自己也不是无辜的，因为他犯了叛国罪。克拉伦斯被处死5年后，爱德华去世了，此时理查正住在英格兰北部，离他很远。

　　剧中理查所有的残忍行为都是由他无法控制的野心和对王位的追求所驱动的。想要确定真正

也许剧中最大的错误就在于嫁祸给理查的诸多谋杀案其实与他无关。

一场改编游戏

如今,众所周知,理查不仅是一位国王,还是一个大恶棍

莎士比亚最著名的戏剧之一(几乎可以肯定也是他最著名的历史剧),《理查三世》不断被搬上舞台和银幕。它也免不了被现代化和改编以适应许多不同的时代和环境。

在1939年的电影中,理查只是一个自恋的杀人犯,手下有一个跛足的刽子手莫德(Mord)。每次这个恶棍杀了人,他都会从一间玩偶屋处理掉一个玩偶。另一部关于理查三世的恐怖电影,由文森特·普莱斯(Vincent Price)主演,制作于1962年,该影片结合了《麦克白》(Macbeth)的元素,把理查塑造成莎士比亚笔下的一位终极恶棍。1995年,伊恩·麦克莱恩(Ian McKellen)在一部以20世纪30年代为背景的电影中饰演了理查。在这部改编的电影中,理查致力于以法西斯独裁者的身份统治国家,整部电影与纳粹德国有很多相似之处。影片把理查与许多人视为20世纪终极恶魔的第三帝国(Third Reich)联系在一起,将玫瑰战争的恐怖情节带到了现代观众面前,令人惴惴不安。

所有这些描写,尽管颇具娱乐性,但却进一步虚构了理查三世这一人物。每一部改编的作品都进一步将莎士比亚笔下的人物与那个真实的、有生命的、有呼吸的人区分开来,使得我们几乎没有必要对两者进行比较。随着时间的推移,莎士比亚的理查不再是英格兰国王的代表,而更像是一个象征性的人物,一个滑稽可笑的邪恶形象,无论何时何地都可以生长在雄心勃勃的人身上。

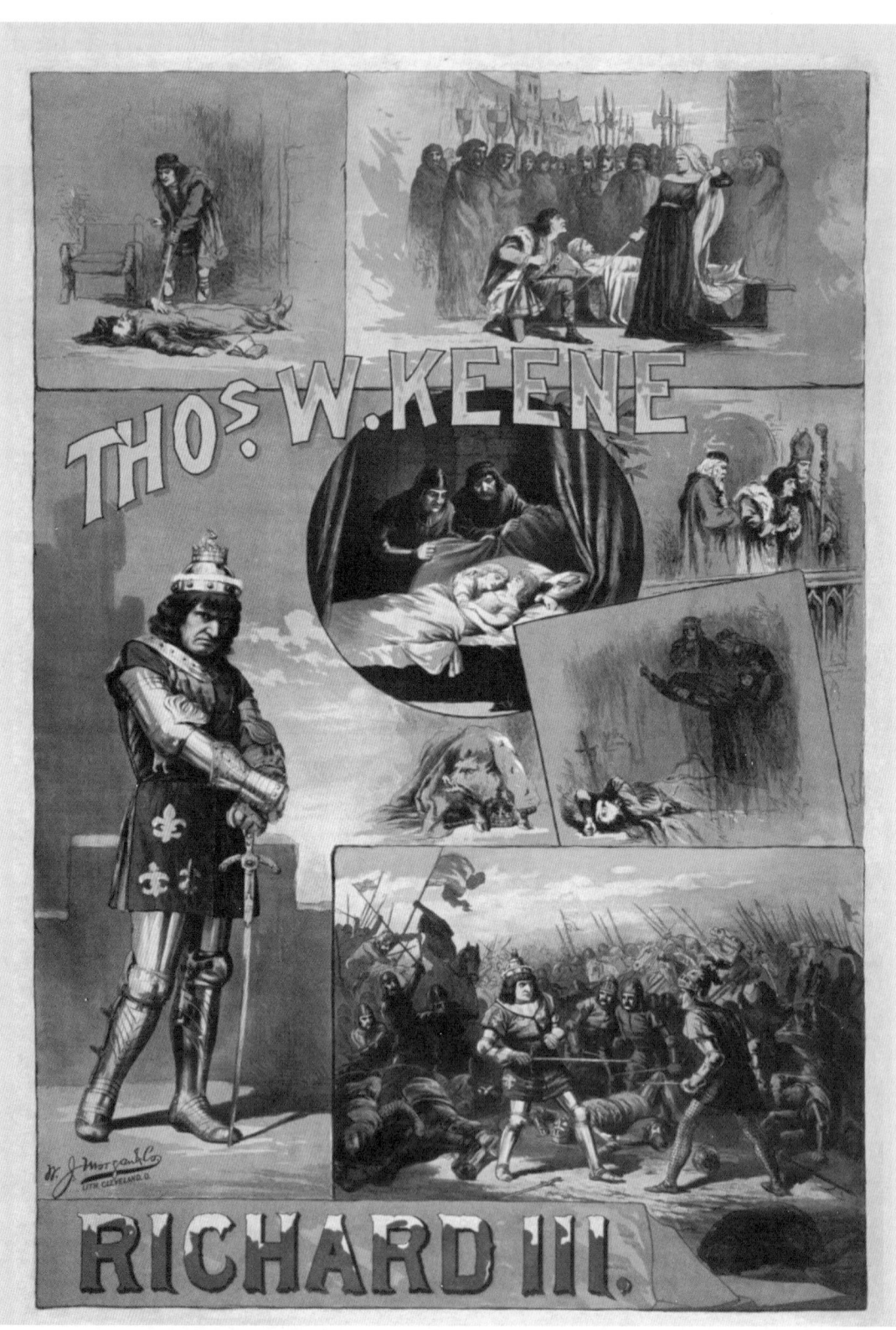

▲ 尽管理查是恶棍，但他在剧中也有喜剧担当

的理查是否也有这样的野心很难，几乎不可能。两种观点都有合理的证据，但莎士比亚对理查野心勃勃的极端的描述肯定与一些事实相悖。

理查没有杀死自己的兄长，即国王，当爱德华四世要求他担任护国公统治英格兰时，这并非是理查要求其兄长采取的政治行动。事实上，理查多年来一直在北方过着幸福的生活，所以这次任命彻底改变了他的整个人生。剧中，为了得到王位，理查犯下了多起谋杀罪行，包括里弗斯勋爵黑斯廷斯、格雷和托马斯·沃恩爵士（Sir Thomas Vaughan）。但这与史实不同：理查是通过一项议会法案获得了王位，尽管发生过流血事件，但在当时而言几乎不算什么。

也许莎士比亚最具争议的说法就是理查安排人谋杀了伦敦塔中的两位王子。在剧中，两位王子智胜理查，于是理查把他们视为威胁，将他们杀害。事实上，我们不知道是谁杀死了两位王子。目前还没有确凿证据定罪任何嫌疑人，这很可能仍然是一个未解之谜。

相反地，剧中的正派则是里士满伯爵——未来的亨利七世。理查是邪，里士满是善：理查越可憎，里士满就越有英雄气概。考虑到莎士比亚的赞助人是亨利七世的孙女，我们就可以理解为什么里士满被刻画成英雄了，但理查却为此背负了许多骂名。在博斯沃思战役之前，理查曾谋杀的受害者的鬼魂缠上了他，他们希望理查死于战场，让里士满取得胜利。里士满变成那些含冤者的救世主和英格兰对抗邪恶的理查的英雄。莎士比亚侧重描写了与理查相比，里士满是一位多么好的国王，因为事实上，里士满的王位要继承可能性要小得多，因为他的王室血脉来自母亲一方，而且是非婚生子。都铎家族都非常清楚这一点。如果他们无法在世袭统治权上占优势，那么

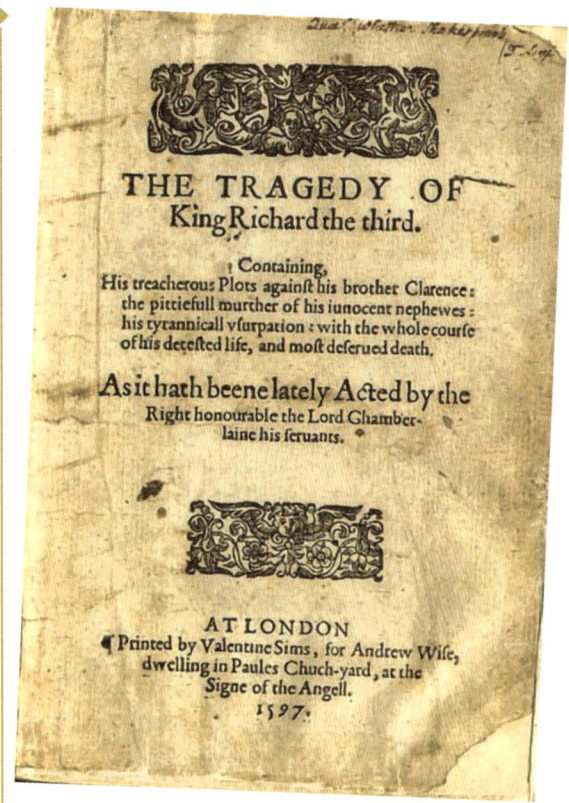

▲《理查三世》是莎士比亚继《哈姆雷特》之后篇幅第二长的剧作

夸大他们在道德上比理查优越则十分有必要。

所有这些剧作都围绕着同样的主题，即金雀花王朝一定是恶，这样都铎王朝才能是善。最重要的是，理查一定是恶中之恶。虽然很容易理解莎士比亚为什么会这样做（毕竟，一部将理查三世刻画成英雄人物的戏剧不可能得到王室的批准），但多年来，这也对玫瑰战争的真实历史带来了灾难性的影响。为了迎合都铎王朝的宣传诉求，真相被扭曲了，这种诉求十分强大，几乎抹去了前统治者们的真实本性。莎士比亚首先是一位剧作家，他写剧作的目的是为了娱乐，记住这一点很重要。

图片所属

17	© Getty Images, Top Foto
19	© Joe Cummings; Look and Learn; Thinkstock; Mary Evans
21	© Mary Evans
25	©WIKI
47	© Getty
57	© Alamy; WIKI
61	© Getty
71	© Rocio Espin
77	© Alamy, Getty Images, TopFoto
87	© Alamy, Kym Winters
89	© Alamy
101	© WIKI; Alamy; Leemage
121	© The Art Agency, Alamy, Ed Crooks, Graham Turner, Mary Evans, Top Foto
143	© Alamy; Corbis; Joe Cummings
159	© Alamy
169	© Getty Images, Look & Learn, Joe Cummings
172	© WIKI
173	© WIKI
190	© Alamy
191	© Alamy